# 좋다!! 한국어

# 차 례

| 과 | 주제 | 표현 | 문법 |
|---|---|---|---|
| 1과 | 한국의 대학 생활 | V-겠다는 결심을 하다<br>V-기로 결심하다<br>무엇보다도　누구보다도　어디보다도<br>우물 안 개구리 | A/V-을/ㄹ지도 모르다<br>N일지도 모르다<br>V-음/ㅁ에 따라 |
| 2과 | 여행 | N은/는 N(중)의 하나<br>A-다고 해도 과언이 아니다<br>V-는/ㄴ다고 해도 과언이 아니다<br>N(이)라고 해도 과언이 아니다 | A-다면서(요)?　V-는/ㄴ다면서(요)?<br>N(이)라면서(요)?<br>V-곤 하다 |
| 3과 | 적성과 진로 | N에/에게 관심이 있다[없다]<br>N에/에게 관심을 가지다<br>무려<br>두말할 필요가 없다, 두말할 필요 없이 | V-아/어 달라고 부탁하다<br>N을/를 부탁하다<br>A/V-을/ㄹ 확률이 있다[없다/높다/낮다] |
| 4과 | 문화 차이 | 정(이) 들다<br>N을/를 막론하고<br>(N에/에게) 신경(을) 쓰다 / 신경(이) 쓰이다 | A/V-았/었더라면<br>A/V-더라고(요) |
| 5과 | 긍정적 사고 | N형<br>N와/과 달리 | V-다(가) 보면<br>A-은/ㄴ 반면에　V-는 반면에<br>N인 반면에<br>A/V-을/ㄹ지　A/V-을/ㄹ지<br>N일지 N일지 |
| 6과 | 한국의 축제 | A/V-을/ㄹ 줄 어떻게 알았겠어요?<br>A-다고 야단들이다<br>V-는/ㄴ다고 야단들이다<br>N(이)나 N(이)나 할 것 없이<br>손꼽아 기다리다 | N(이)야<br>A/V-기 마련이다　A/V-게 마련이다 |
| 7과 | 여성과 남성 | N을/를 A-게 여기다<br>N을/를 N(으)로 여기다<br>아닌 게 아니라<br>똑 부러지다 | N에 의하면<br>N을/를 대상으로 조사하다[연구하다]<br>A-은/ㄴ 것으로 나타나다[조사되다]<br>V-는 것으로 나타나다[조사되다]<br>N인 것으로 나타나다[조사되다] |

| 과 | 주제 | 표현 | 문법 |
|---|---|---|---|
| 8과 | 세대 차이 | 숨(이) 차다<br>A-은/ㄴ 것만도 어딘데(요)<br>V-는 것만도 어딘데(요)<br>(N에 따라) N(에) 차이를 보이다<br>(N에 따라) N(에) 차이가 있다[나다] | N마저<br>A/V-을/ㄹ 지라도 |
| 9과 | 한국의<br>음주 문화 | N도 마   V-지도 마   N도 V-지 마<br>A-은/ㄴ 경우가 (많이) 있다[없다]<br>V-는/ㄴ 경우가 (많이) 있다[없다] | A-다면서   V-는/ㄴ다면서   N(이)라면서<br>A/V-냐면서   V-자면서   V-(으)라면서<br>V-아/어다가 |
| 10과 | 대중문화 | 그리 A/V-지 않다<br>정신이 없다, 정신을 차리다 | V-(으)려던 참이다<br>V-기가 무섭게 |
| 11과 | 토론 | A-다고 봅니다   V-는/ㄴ다고 봅니다<br>N(이)라고 봅니다<br>A/V-지 않겠습니까? | N에 의해서<br>A/V-을/ㄹ 수밖에 없다 |
| 12과 | 옛날이야기 | 골치(가) 아프다<br>하도 A/V-아/어서<br>마치 N 같다, 마치 N처럼[같이] | N(이)야말로<br>V-아/어 대다 |
| 13과 | 올바른 소비 생활 | 몰라보게 V<br>눈이 빠지도록 기다리다<br>옷이 날개다 | A/V-고말고(요)   N(이)고말고(요)<br>A/V-(으)나   N(이)나 |
| 14과 | 한국인의<br>통과 의례 | N롭다<br>관련(이) 있다[없다] | V-은/ㄴ 채(로) |
| 15과 | 의사소통 | N에(도) 일리가 있다<br>A-은/ㄴ 게 틀림없다   V-는 게 틀림없다<br>N인 게 틀림없다 | A-은/ㄴ데 말이다   V-는데 말이다<br>N인데 말이다<br>A-(으)냐에 따라 다르다<br>V-느냐에 따라 다르다<br>N(이)냐에 따라 다르다 |
| 16과 | 외모 지상주의 | 말도 안 돼(요)<br>그러게 말이에요(그러게 말이야)<br>N은/는 뒷전이다 | A/V-다가는<br>아무리 N(이)라도 |

| 과 | 주제 | 표현 | 문법 |
|---|---|---|---|
| 17과 | 광고 | V-는 수가 있다[많다] | V-다 보니(까)<br>어찌나 A-은/ㄴ지  어찌나 V-는지 |
| 18과 | 교육 | 한창<br>(낙타가) 바늘구멍 지나가기<br>바늘구멍 뚫기 | A/V-아/어 봤자<br>V-(으)려고만 들다 |
| 19과 | 환경보호 | 몸살을 앓다<br>N별(로)<br>마지못해 V | V-은/ㄴ 끝에  N 끝에<br>A-은/ㄴ 데(에) 반해<br>V-는 데(에) 반해 |
| 20과 | 건강한 삶 | N에 달하다 | A/V-더니(만)  V-았/었더니(만)<br>A/V-(으)나 A/V-(으)나<br>N(이)나 N(이)나 |
| 21과 | 미래사회 | 마음을 놓다 | V-고도 남다<br>A/V-기는요  N(이)기는요 |
| 22과 | 토끼전 | N스럽다<br>세상을 떠나다 | V-(으)려다가<br>N에 이르다 ('러' 불규칙)<br>V-(으)려야 V-을/ㄹ 수(가) 없다 |
| 23과 | 한국의 음식 | N(으)로 손꼽히는  N(으)로 손꼽히다<br>군침이 돌다<br>N(이)라고는 N뿐이다<br>N(이)라고는 N밖에 없다 | A-다 A-다 하면서(도)<br>V-는/ㄴ다 V-는/ㄴ다 하면서(도)<br>V-느니 차라리 |
| 24과 | 소중한 한국어 | V-는 데 N을/를 이용하다<br>V-는 사이에 | A-은/ㄴ 듯하다  V-는 듯하다<br>N인 듯하다<br>A-다느니 A-다느니<br>V-는/ㄴ다느니 V-는/ㄴ다느니<br>N(이)라느니 N(이)라느니 |
| 25과 | 인연 | 인연이 있다[없다], 인연이다, 인연이 아니다<br>옷깃만 스쳐도 인연<br>아주 V | A/V-든지 A/V-든지<br>N(이/에서)든지  N(이/에서)든지<br>A-은/ㄴ 마당에  V-는 마당에 |

| 과 | 주제 | 표현 | 문법 |
|---|---|---|---|
| 26과 | 설화 속의 호랑이 | N(에) 못지않게　　N(에) 못지않다<br>N을/를 비롯하여[비롯해서, 비롯한] | A-은/ㄴ 셈이다　　V-는 셈이다<br>N인 셈이다 |
| 27과 | 현대 사회의<br>사회 현상 | V-는 데(에) 몰두하다　　N에 몰두하다<br>N처럼/같이/만큼 A-은/ㄴ N도 없다<br>N처럼/같이/만큼 V-는 N도 없다 | N만 해도<br>(불과) N 만에<br>A/V-더라도 |
| 28과 | 콤플렉스 | 아무런 N(도) 없다[-지 않다, -지 못하다] | A-은/ㄴ 데다가　　V-는 데다가<br>N인 데다가<br>A/V-음/ㅁ |

# 1

## LESSON

# 한국의 대학 생활

**학습 목표**
- 대학 생활에 관한 안내문을 이해할 수 있다.
- 한국의 대학 생활에 대해 알고 이해할 수 있다.

**문 법**
1. A/V-을/ㄹ지도 모르다    N일지도 모르다
2. V-음/ㅁ에 따라

대학교에 입학한 후 무엇을 하고 싶습니까?

한국에서 대학교에 다니면 어떤 점이 힘들 것 같습니까?

# 본문

학기가 시작된 지 한 달이 지났습니다. 학기 초에 세웠던 계획들은 잘 실천하고 계신가요? 포기하신 분이 많다고요? 그래서 여러분에게 자극이 될 수 있는 한 학우를 소개하려고 합니다. 관광학부 2학년에 재학 중인 19학번 김정우 학우입니다.

기 자 : 인터뷰에 응해 주셔서 고맙습니다. 요즘 학교 생활은 어떻습니까?

김정우 : 학년이 올라감에 따라 전공이 어려워지고 있어요. 게다가 이번 학기부터 복수전공까지 시작해서 바쁜 하루를 보내고 있어요.

기 자 : 그렇군요. 학교에서 여러 가지 활동을 하고 있다고 들었습니다.

김정우 : 네, 봉사 동아리 활동도 하고 있고 학교 홍보 도우미도 맡고 있습니다.

기 자 : 정말 바쁘시겠네요. 얼마 전에는 장학금으로 해외 연수도 다녀왔다고 들었습니다.

김정우 : 네, 3개월 동안 미국으로 다녀왔습니다.

기 자 : 좋은 경험을 하고 돌아왔군요. 외국에서 느낀 점이 있다면 무엇입니까?

김정우 : 제가 우물 안 개구리였다는 걸 깨닫게 되었습니다. 해외 연수 경험이 없었다면 제가 부족하다는 것을 느끼지 못했을지도 모릅니다. 앞으로도 시야를 넓히기 위해 더욱 많은 경험을 하겠다는 결심을 했습니다.

기 자 : 잘 알겠습니다. 바쁘신데 인터뷰에 응해 주셔서 감사합니다.

누구보다도 열심히 대학 생활을 하고 있는 김정우 학우의 모습을 보고 저 또한 자신을 반성할 수 있는 계기를 갖게 되었습니다. 그동안 수업 듣기만도 바빴던 학우 여러분들이 계십니까? 이제부터라도 더욱 알찬 대학 생활을 하기 위해 함께 노력해야겠습니다.

| 실천하다 | 자극되다 | 학우 | 학부 | 재학 | 학번 | 인터뷰 |
| 응하다 | 복수전공 | 봉사 | 홍보 | 도우미 | 장학금 | 연수 |
| 시야 | 깨닫다 | 계기 | 알차다 | | | |

**Lesson 1**
한국의 대학 생활

## 어휘와 표현

| 휴학 | 복학 | 편입 | 개강 | 휴강 |
|---|---|---|---|---|
| 폐강 | 전공과목 | 교양과목 | 보고서 | 학점 |
| 수강 신청하다 | 변경하다 | | | |

**①** V-겠다는 결심을 하다    V-기로 결심하다

가 : 이번 학기의 계획은 무엇입니까?

나 : 공부를 열심히 하겠다는 결심을 했습니다.

가 : 새해에 어떤 결심을 했어요?

나 : 올해에는 담배를 끊기로 결심했어요.

**②** 무엇보다도    누구보다도    어디보다도

가 : 외국어를 잘하는 방법은 무엇입니까?

나 : 외국어를 잘하기 위해서는 무엇보다도 한국 친구를 사귀는 것이 좋습니다.

가 : 지금 누가 가장 보고 싶어요?

나 : 부모님이 누구보다도 보고 싶습니다.

가 : 한국에서 가장 여행해 보고 싶은 곳은 어디예요?

나 : 어디보다도 제주도에 꼭 가고 싶어요.

**③** 우물 안 개구리

가 : 학교에서 동아리 활동을 하니?

나 : 공부할 시간도 없는데 동아리 활동할 시간이 어디 있니?

가 : 너 그렇게 공부만 하면 우물 안 개구리가 될지도 몰라.

## 문법

**①** A/V-을/ㄹ지도 모르다    N일지도 모르다

가 : 저녁에도 날씨가 따뜻하겠지요?

나 : 추울지도 모르니까 옷을 더 가지고 가세요.


가 : 날씨가 좋은데 왜 우산을 가지고 왔어요?

나 : 장마철에는 갑자기 비가 올지도 몰라서요.


가 : 저 사람은 외국 사람인 것 같은데 한국말을 잘하네요.

나 : 어쩌면 한국 사람일지도 몰라요.


**②** V-음/ㅁ에 따라

가 : 과학의 발달로 우리 사회에 어떤 변화가 생겼습니까?

나 : 과학이 발달함에 따라 생활이 편리해졌습니다.


가 : 수원이 예전보다 많이 복잡해졌습니까?

나 : 네, 인구가 늘어남에 따라 자동차도 많아지고 길도 복잡해졌습니다.


가 : 요즘 대학마다 외국인을 위한 수업이 증가하고 있다고 들었습니다.

나 : 맞습니다. 외국인 학생 수가 늚에 따라 많아지고 있습니다.

 말하기

 **동아리 종류**

😊 연극 동아리

😊 사진 동아리

😊 댄스 동아리

😊 봉사 동아리

😊 영어 동아리

😊 수화 동아리

❶ 동아리 활동을 하는 이유는 무엇입니까?

---

---

---

❷ 동아리 활동에 대해 생각해 봅시다.

동아리 활동의 장점

---

---

---

동아리 활동의 단점

---

---

---

 쓰기

알찬 대학 생활을 보내기 위해서는 어떻게 해야 하는지 자신의 생각을 써 보십시오.

◎ 대학 생활에서 가장 중요한 것은 무엇이라고 생각합니까?

◎ 알찬 대학 생활을 하기 위해 어떤 노력을 해야 합니까?

❶ 도입

❷ 전개

❷ 마무리

# memo

LESSON

2

# 여행

**학습 목표**
- 기억에 남는 여행에 대해 말할 수 있다.
- 여러 정보를 활용하여 여행 계획을 세울 수 있다.

**문 법**
1. A-다면서(요)?    V-는/ㄴ다면서(요)?
   N(이)라면서(요)?
2. V-곤 하다

언제 여행을 떠나고 싶습니까?

여행한 곳 중에서 다시 가고 싶은 곳이 있습니까?
다시 가고 싶은 이유는 무엇입니까?

# 본문

정　우: 방학 동안에 경주 여행을 다녀왔다면서요?

라이언: 네. 친구들과 경주 여행을 다녀왔어요. 경주에 있는 불국사와 석굴암은 세계문화유산이라고 들었어요. 정우 씨도 경주에 가 본 적이 있어요?

정　우: 물론이지요. 경주는 문화재가 많기로 유명한 도시 중의 하나예요. 도시 전체가 문화재라고 해도 과언이 아니지요. 한국 사람이라면 대부분 학교 다닐 때 수학여행으로 한두 번쯤 경주 여행을 해요. 그런데 누구와 함께 갔어요?

라이언: 도보 여행 동호회 사람들과 함께 갔었어요.

정　우: 도보 여행이요? 서울에서 경주까지 걸어갔다고요?

라이언: 아니요. 먼저 강원도까지 기차를 타고 간 후에 강원도에서 다시 동해 해안선을 따라 경주까지 걸어갔어요. 도보 여행이라고는 하지만 중간에 시내버스를 자주 이용하곤 했어요.

정　우: 대단하군요. 다음번에는 저와 함께 도보 여행을 가는 건 어때요?

라이언: 좋아요. 동쪽은 여행을 했으니까 다음에는 전라도 지방에 가 보고 싶어요. 그리고 경주는 갑자기 간 거라서 그쪽에 대해서 공부를 못하고 갔어요. 다음에는 여행 전에 꼭 여행지에 대해서 알아보고 갈 거예요.

정　우: 맞아요. '아는 만큼 보인다' 라는 말도 있잖아요. 여행지에 대해 미리 공부를 하고 간다면 더욱 뜻깊은 여행이 될 거예요.

| 문화재 | 도보 | 강원도 | 동해 | 해안선 |
| 갑자기 | 전라도 | 지방 | 여행지 | 뜻깊다 |

# 어휘와 표현

| 숙소 | 예약하다 | 묵다 | 세면도구 | 비상약 |
| 인상적이다 | 장관이다 | 추천하다 | 기행문 | |

### 1 N은/는 N(중)의 하나

가 : 제주도는 어떤 곳인가요?

나 : 제주도는 한국의 아름다운 관광지 중의 하나예요.

가 : 수원은 무슨 도에 있어요?

나 : 수원은 경기도에 있는 도시의 하나예요.

### 2 A-다고 해도 과언이 아니다   V-는/ㄴ다고 해도 과언이 아니다
### N(이)라고 해도 과언이 아니다

가 : 한국 사람들이 그렇게 김치를 자주 먹나요?

나 : 그럼요. 거의 매일 먹는다고 해도 과언이 아니에요.

가 : 정우 씨는 정말 착한 것 같아요. 화내는 걸 본 적이 없어요.

나 : 맞아요. 천사처럼 착하다고 해도 과언이 아니죠.

가 : 과거 휴대 전화가 없었을 때는 얼마나 불편했을까요?

나 : 맞아요. 휴대 전화는 이제 생필품이라고 해도 과언이 아니에요.

## 문법

**1** A-다면서(요)? V-는/ㄴ다면서(요)? N(이)라면서(요)?

가 : 준코 씨, 이번 학기가 끝나면 고향에 돌아간다면서요?

나 : 네, 친구들과 헤어지는 것이 너무 아쉬워요.


가 : 왕밍 씨 남자친구가 그렇게 멋있다면서요?

나 : 네. 저도 봤는데 배우처럼 잘생겼더라고요.


가 : 지영 씨, 전화번호가 바뀌었다면서요?

나 : 네, 바뀌었어요. 가르쳐 드릴게요.


가 : 호앙 씨가 미혼이라면서요?

나 : 그래요? 저는 결혼한 줄 알았어요.


**2** V-곤 하다

가 : 집에서 쉴 때는 보통 뭘 해요?

나 : 음악을 듣거나 영화를 보곤 해요.


가 : 밤에 배가 고프면 어떻게 해결해요?

나 : 저는 따뜻한 우유를 마시곤 해요.


가 : 요즘에 무슨 운동을 하세요?

나 : 얼마 전까지는 수영을 하곤 했는데 요즘은 바빠서 못 하고 있어요.

 **말하기**

　　지금까지 갔던 여행 중에서 가장 기억에 남는 여행은 어떤 여행이었습니까?

**①** 여행지

---

**②** 여행 기간

---

**③** 여행을 하면서 경험한 것은 무엇입니까?

본 것

---

한 것

---

먹은 것

---

**④** 가장 좋았던 것은 무엇이었습니까?

---

**⑤** 여행을 통해 새롭게 알게 되거나 배운 것이 있습니까?

---

**⑥** 아쉬움이 남거나 후회가 되는 것은 무엇입니까?

---

21

 쓰기

지금까지 갔던 여행 중에서 가장 기억에 남는 여행에 대해 써 보십시오.

◎ 언제, 어디로, 누구와 갔던 여행입니까?

◎ 그 여행지에서 무엇을 했습니까?

◎ 가장 인상적이었던 것은 무엇입니까?

**❶** 도입

**❷** 전개

**❸** 마무리

# memo

# 3

## LESSON

# 적성과 진로

<table>
<tr><td>학습 목표</td><td>자기소개서와 학업 계획서를 작성할 수 있다.</td></tr>
<tr><td>문　법</td><td>1. V-아/어 달라고 부탁하다　　N을/를 부탁하다<br>2. A/V-을/ㄹ 확률이 있다[없다/높다/낮다]</td></tr>
</table>

좋아하는 일과 잘하는 일을 이야기해 봅시다.

대학교를 졸업한 후에 무엇을 하고 싶습니까?

# 본문

> **사회자:** 안녕하십니까? 취업 박람회에 오신 여러분을 환영합니다. 오늘은 경기그룹의 김민석 팀장님께 특별히 취업 특강을 해 달라고 부탁했습니다. 그럼 지금부터 강의를 시작하도록 하겠습니다.
>
> **김민석:** 안녕하십니까? 저는 이번 취업 박람회에서 특강을 하게 된 김민석이라고 합니다. 저는 현재 경기그룹의 인사과 팀장으로 근무하고 있습니다. 제가 여러분에게 이야기하고 싶은 주제는 "회사보다 적성을 고려하여 직업을 선택하라"입니다. 저는 경기그룹에서 오랫동안 근무하면서 무려 5만 명이 넘는 사람들의 면접을 보았습니다. 그 많은 구직자 가운데 취업에 실패한 사람과 성공했더라도 바로 회사를 그만두는 사람들의 특징을 살펴보니 다음과 같았습니다.
>
> 첫째, 그 사람들은 어떤 직업이나 일에 대한 이해 없이 회사만 보고 취업을 준비했습니다. 그 회사에서 어떤 일을 하게 될지도 모르고 지원하는 사람들은 실제로 회사에 입사를 해도 6개월 안으로 회사를 그만둘 확률이 높습니다.
>
> 둘째, 그들은 그 직업의 발전 가능성에는 관심이 없고 회사의 급여나 조건에만 관심을 가졌습니다. 직업을 선택할 때는 그 일의 가능성을 먼저 보아야 합니다. 회사의 규모는 크게 중요하지 않습니다.
>
> 직업을 선택할 때 가장 현명한 방법은 두말할 필요 없이 적성이라고 자신 있게 말할 수 있습니다. 오늘 제 이야기가 여러분에게 많은 도움이 되었길 바랍니다.
>
> **사회자:** 유익한 특강이었습니다. 여러분, 좋은 말씀을 해 주신 강사님께 박수를 부탁드리면서 오늘 순서는 여기에서 마치겠습니다. 감사합니다.

| 박람회 | 팀장 | 특강 | 인사 | 고려하다 |
| 실패하다 | 성공하다 | 발전 | 가능성 | 급여 |
| 조건 | 규모 | 현명하다 | 유익하다 | |

# 어휘와 표현

| 구직 | 취업 | 부서 | 근무하다 | 경력사원 |
|------|------|------|----------|----------|
| 적성에 맞다 | 전공을 살리다 | 소질이 있다 | 진로를 정하다 | |

**1** N에/에게 관심이 있다[없다]    N에/에게 관심을 가지다

가 : 엥크 씨는 어떤 운동을 좋아해요?

나 : 저는 축구에 관심이 있어요.

가 : 우리 반에 율리아 씨에게 관심을 가지고 있는 사람이 있어요.

나 : 그래요? 누구예요? 전 전혀 몰랐어요.

**2** 무려

가 : 어제 뉴스를 보니까 부산에 비가 많이 와서 홍수가 났다고 들었어요.

나 : 네. 이번 홍수로 무려 500명이나 죽었대요.

가 : 어제 취업 박람회에 잘 갔다 왔어요?

나 : 네. 그런데 구직자들이 무려 만 명이나 와서 너무 복잡했어요.

**3** 두말할 필요가 없다    두말할 필요 없이

가 : 직업을 선택할 때 적성을 고려해야 하나요?

나 : 두말할 필요가 없지요.

가 : 비빔밥은 어느 지역이 가장 맛있어요?

나 : 두말할 필요 없이 전주가 최고예요.

## 문법

**1** **V-아/어 달라고 부탁하다    N을/를 부탁하다**

지영 : 수원에서 인천 공항까지 어떻게 가는지 알아요?

왕밍 : 저도 잘 모르겠어요. 선생님께 가르쳐 달라고 부탁해 보세요.


지영 : 어딜 그렇게 바쁘게 가?

왕밍 : 호앙 씨가 이사하는데 좀 도와 달라고 부탁해서 가는 중이야.


지영 : 요즘 직장 구하기가 정말 힘들죠?

왕밍 : 네. 그래서 대학 선배에게 취직을 부탁해 보려고요.


**2** **A/V-을/ㄹ 확률이 있다[없다/높다/낮다]**

가 : 딸이 키가 작아서 걱정이에요.

나 : 걱정하지 마세요. 부모가 크면 아이도 클 확률이 높대요.


가 : 호앙 씨가 지금 집에 있을까요?

나 : 요즘 매일 도서관에 가니까 집에 없을 확률이 높아요.


가 : 뭘 그렇게 열심히 보고 있어요?

나 : 이것 좀 보세요. 담배를 피우는 사람이 안 피우는 사람보다 암에 걸릴 확률이 10배나 높대요.

# 쓰기

 자기소개서 쓰기

❶ 성장 과정 : 가족 관계, 가치관, 고향, 꿈과 인간관계, 기본적인 성품

_____

_____

_____

_____

❷ 성격의 장점과 단점, 특기 : 교우 관계, 책임감과 성실성, 도전 정신 등

_____

_____

_____

_____

❸ 대학 생활 : 교내 · 외 활동과 주요 경력

_____

_____

_____

_____

❹ 지원 동기 및 포부 : 지원 동기, 지원자의 장래성

_____

_____

_____

_____

학업 계획서 쓰기

**①** 간단한 자기소개 :

국적과 성명, 기본적인 성품, 전공, 한국에 대한 관심, 한국어 실력 등

---------------------------------------------------------

---------------------------------------------------------

---------------------------------------------------------

---------------------------------------------------------

**②** 지원 동기 : 해당 대학(원)과 학과(부)의 장점

---------------------------------------------------------

---------------------------------------------------------

---------------------------------------------------------

---------------------------------------------------------

**③** 학업 계획과 장래 희망 : 대학(원)에서 무엇을 어떻게 공부할 것인지에 대한 기술

---------------------------------------------------------

---------------------------------------------------------

---------------------------------------------------------

---------------------------------------------------------

**④** 학업에 대한 열정과 진학 후 포부 : 희망 전공과 졸업 후 진로

---------------------------------------------------------

---------------------------------------------------------

---------------------------------------------------------

---------------------------------------------------------

# memo

# 4

LESSON

# 문화 차이

| 학습 목표 | 한국과 여러 나라의 문화 차이를 알고 이해할 수 있다. |
| --- | --- |
| 문 법 | 1. A/V-았/었더라면<br>2. A/V-더라고(요) |

한국에서 생활하면서 느끼는 문화 차이가 있습니까?

한국과 고향의 문화 차이를 느낄 때 여러분은 어떤 반응을 보입니까?

# 본문

라이언: 엥크 씨가 몽골로 돌아간다고 하니까 지영 씨가 많이 서운해 해요. 처음에는 서로에게 익숙하지 않아서 많이 다퉜는데 지금은 정이 들었나 봐요. '이렇게 빨리 헤어질 줄 알았더라면 잘 해 줬을 텐데.' 하는 후회를 하더라고요.

정　우: 그래서 고운 정보다 미운 정이 더 무섭다고 해요.

라이언: 미운 사람에게도 정이 든다고요?  한국 사람들은 정이 참 많은 것 같아요. 모르는 사람하고도 금방 친해지고 또 일단 친해지면 누구든지 가족처럼 챙겨 줘요. 남녀노소를 막론하고 예의도 잘 지키고요.

준　코: 네, 저도 한국에 온 지 얼마 되지 않았을 때 한국 사람들이 엘리베이터 안에서 처음 보는 사람에게 공손하게 인사하는 것을 보고 당황했어요. 어느 날은 앞에 서 계신 아주머니가 저에게 인사를 하셔서 제가 "누구세요?" 하고 물어본 적도 있어요.

정　우: 저런. 아주머니께서 놀라셨겠어요.

준　코: 아주머니는 웃으시면서 "옆집에 사는 일본 학생이지요?  어려운 일이 있으면 언제든지 와서 부탁해요." 라고 하셨어요. 그 후로도 아주머니는 김치나 부침개 등을 만들어 주시곤 하셨어요. 또한 제 한국 생활에도 신경을 많이 써 주시고요.

라이언: 그렇군요. 하지만 한국인들의 그런 친절이 부담스러울 때도 있어요. 다른 사람들에 대한 관심이 조금 지나친 면도 없지 않아요.

준　코: 그런 것 같기도 해요. 하지만 요즘 한국사회도 많이 바뀌고 있어요. 더불어 이웃 간의 정도 많이 사라져가고 있고요. 그렇지만 한국 사람은 예의 바르고 열정적이라는 저의 생각에는 변함이 없어요.

| 서운하다 | 곱다 | 믿다 | 남녀노소 | 공손하다 |
| 부침개 | 부담스럽다 | 지나치다 | 더불어 | 이웃 |
| 예의 바르다 | 열정적 | | | |

Lesson 4
문화 차이

# 어휘와 표현

| 문화 차이 | 공통점 | 미풍양속 | 덤 | 경어 |
|---|---|---|---|---|
| 문화적 충격 | 금기 사항 | 존중하다 | 인정하다 | |

**1** 정(이) 들다

가 : 준코 씨가 고향으로 돌아간다고 들었어요.

나 : 정이 많이 들었는데 섭섭하군요.

가 : 이웃집 아주머니께서 잘 챙겨주셔서 엄마 같아요.

나 : 이웃집 아주머니와 정이 많이 들었군요.

**2** N을/를 막론하고

가 : 반장은 좋은 사람인가요?

나 : 네, 남녀노소를 막론하고 반장을 싫어하는 학생은 없어요.

가 : 라이언 씨가 불고기를 좋아할까요?

나 : 불고기는 국적을 막론하고 누구나 좋아하는 음식이에요.

**3** (N에/에게) 신경(을) 쓰다     신경(이) 쓰이다

가 : 지은 씨가 요즘 남자 친구가 생겼나 봐요. 예뻐졌어요.

나 : 네, 요즘 외모에 신경을 쓰는 것 같아요.

가 : TOPIK 시험에 합격할 수 있을지 걱정이에요.

나 : 너무 신경 쓰지 마세요. 합격할 거예요.

### 1  A/V-았/었더라면

가 : 그 친구와 왜 그렇게 심하게 싸웠어요?

나 : 친구에게 심한 말을 했어요. 심한 말을 하지 않았더라면 안 싸웠을 거예요.

가 : 부모님이 왜 그렇게 화가 났어요?

나 : 제가 공부를 안 해서 성적이 나빠요. 공부를 열심히 했더라면 성적이 좋았을 텐데.

### 2  A/V-더라고(요)

가 : 부산에 가 보니 어땠어요?

나 : 바다가 예쁘더라고요.

가 : 새로 생긴 도서관은 어때요?

나 : 새로 지어서 깨끗하고 조용하더라고요.

가 : 어제 전화로 알려줄 것이 있다고 했잖아요.

나 : 맞다. 호앙 씨와 마리아 씨가 사귀더라고요.

가 : 1년 만에 고향에 가니 어땠어요?

나 : 1년 전과 많이 바뀌었더라고요.

 말하기

 여러분의 고향과 한국의 식사 예절에 대해서 이야기해 봅시다.

| | 국적 | 식사 예절 | |
|---|---|---|---|
| | | 공통점 | 차이점 |
| 나 | | | |
| 친구1 | | | |
| 친구2 | | | |

 여러분의 고향과 한국의 인사 예절에 대해서 이야기해 봅시다.

| | 국적 | 인사 예절 | |
|---|---|---|---|
| | | 공통점 | 차이점 |
| 나 | | | |
| 친구1 | | | |
| 친구2 | | | |

 쓰기

여러분이 느낀 한국과 여러분 나라의 문화 차이에 대해 써 보십시오.

◎ 언제, 무슨 일로 문화 차이를 느꼈습니까?

◎ 그러한 문화 차이에 대한 느낌은 어땠습니까?

◎ 다른 나라와의 문화 차이에 대한 태도는 어떻게 해야 한다고 생각합니까?

❶ 도입

❷ 전개

❸ 마무리

# memo

# 5

## LESSON

# 긍정적 사고

긍정적인 사고방식의 효과를 알 수 있다.

1. V-다(가) 보면
2. A-은/ㄴ 반면에    V-는 반면에    N인 반면에
3. A/V-을/ㄹ지 A/V-을/ㄹ지        N일지 N일지

긍정적 사고와 부정적 사고의 차이에 대해서 생각해 봅시다.

긍정적으로 생각했을 때 어떤 결과가 생기는지 이야기해 봅시다.

# 본문

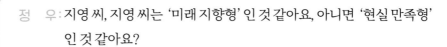

정　우 : 지영 씨, 지영 씨는 '미래 지향형'인 것 같아요, 아니면 '현실 만족형'인 것 같아요?

지　영 : 그게 무슨 말이에요?

정　우 : 세상에는 두 부류의 사람이 있대요. 더 나은 미래를 꿈꾸며 끊임없이 노력하는 '미래 지향형'과 자신의 현실에 만족하는 '현실 만족형'이요. 예를 들면 '미래 지향형'은 남보다 좋은 직장에 다녀야 만족하고, 또 주위 사람들에게 일을 잘한다는 인정도 받아야 해요. 하지만 살다 보면 나보다 더 나은 조건의 사람이 있는 법이잖아요. 그래서 스스로 만족스러운 삶을 살기가 어려워요. 그와 달리 '현실 만족형'은 '이 정도면 괜찮아'라고 긍정적으로 생각한대요. 예를 들면 '요즘처럼 경기도 안 좋은데 나는 안정된 직장이 있잖아', '이만하면 성공한 거지'라며 만족하는 사람들이지요.

지　영 : 둘 중에 어떤 것이 더 좋은 거예요?

정　우 : 어떤 것이 더 좋다고 말할 수는 없어요. '미래 지향형'은 사회에서 성공할 가능성이 높지만 정신적으로 불행하다고 느끼는 반면에 '현실 만족형'은 비록 사회에서는 성공할 가능성이 낮지만 정신적으로는 행복할 테니까요.

지　영 : 그렇다면 나는…, 전형적인 '현실 만족형'이네요. 정우 씨처럼 평범한 남자와 사귀면서도 '정우 씨 정도면 괜찮지'라고 긍정적으로 생각하거든요.

정　우 : 그래요? 저는 지영 씨가 방금 한 말을 듣고 앞으로 '미래 지향형'인 간이 되기로 마음먹었어요. 현실에 만족하지 못하고 끊임없이 새로운 것을 찾아다니는 사람이 될 거예요.

| 지향하다 | 현실 | 만족하다 | 부류 | 끊임없이 |
| 인정을 받다 | 경기 | 안정되다 | 정신적 | 전형적 |
| 평범하다 | 마음먹다 | | | |

Lesson 5
긍정적 사고

# 어휘와 표현

| 심리 실험 | 이성적 | 감정적 | 인식하다 |
|---|---|---|---|
| 작용하다 | 입증하다 | 과대평가하다 | 과소평가하다 |

**1** N형

가 : 한국에서는 요즘은 둥근 얼굴보다는 계란형 얼굴을 더 좋아해요.

나 : 네, 저도 들었어요. 그래서 수술도 한다면서요?

가 : 저, 휴대폰을 사려고 왔는데요.

나 : 이 모델이 최신형으로 여러 기능이 있어서 사용하기 편리하실 겁니다.

**2** N와/과 달리

가 : 시험 잘 보셨어요?

나 : 다행히 예상과는 달리 좀 쉽게 나와서 잘 본 것 같아요.

가 : 첫인상이 안 좋다더니 그 사람을 아직도 만나고 있어요?

나 : 네, 첫인상과 달리 자꾸 만나 보니까 괜찮은 사람 같더라고요.

## ① V-다(가) 보면

가 : 어떻게 하면 한국 생활에 빨리 적응할 수 있을까요?

나 : 한국 친구들과 지내다가 보면 한국 생활이 익숙해질 거예요.

가 : 한국어 공부 중에서 특히 말하기가 힘들어요.

나 : 한국 사람들하고 이야기하다 보면 말하기가 좋아질 거예요.


## ② A-은/ㄴ 반면에　　V-는 반면에　　N인 반면에

가 : 이사할 집을 보러 간다더니 구했어요?

나 : 보긴 했는데 집값이 싼 반면에 교통이 너무 불편하더라고요.

가 : 호앙 씨는 야구도 좋아하나요?

나 : 저는 축구는 좋아하는 반면에 야구는 안 좋아해요.

가 : 어렸을 때 공부를 잘했어요?

나 : 운동은 잘한 반면에 공부는 별로 잘 못했어요.


## ③ A/V-을/ㄹ지 A/V-을/ㄹ지　　N일지 N일지

가 : 방학 때 뭐 하세요?

나 : 고향에 갈지 친구들과 여행을 갈지 아직 결정을 못했어요.

가 : 식사하러 안 가요?

나 : 속이 좀 안 좋아서 점심을 먹을지 안 먹을지 생각 중이에요.

가 : 새로 오는 선생님이 남자예요?

나 : 몰라요. 저희도 남자 선생님일지 여자 선생님일지 궁금해요.

 **말하기**

 행복한 삶을 살려면 어떤 사고를 가지는 게 좋습니까?
어떻게 생활해야 합니까? 이야기해 보십시오.

---

---

 긍정적으로 보이나요, 부정적으로 보이나요? 친구와 같이 해 보십시오.

❶ 친구가 갑자기 좋은 물건을 선물로 줬다.
　◎ 나한테 부탁할 것이 있나 보다' 라고 생각한다.
　◎ 좋은 물건을 다른 사람이 아닌 나에게 준 것에 대해 고맙게 생각한다.

❷ 친구와 약속을 했는데 잊고 약속을 지키지 못했다.
　◎ 바쁠 때 만나자고 해서 약속을 못 지키게 한 친구를 원망한다.
　◎ 다음부터 중요한 약속을 어떻게 하면 어기지 않을까 고민한다.

❸ 손님을 집에 초대했는데 준비한 음식을 잘 먹지 않는다.
　◎ 잘하는 게 없다고 스스로 자신에게 화를 낸다.
　◎ 손님이 입맛이 없다고 생각하면서 그의 건강을 걱정한다.

❹ 중요한 과제인데 실수했다.
　◎ 생각하기 싫어서 일찍 잔다.
　◎ 실수했지만 배운 것도 많다고 생각하고 실수한 이유를 찾는다.

❺ 오늘 하루 감사한 일에 대해서 말해 보라는 질문을 받았다.
　◎ 힘들고 지쳐서 말하고 싶지 않다고 생각한다.
　◎ 오늘 나를 도와준 사람 얼굴이 생각난다.

❻ 요즘 너무 바빠서 컨디션이 안 좋다.
　◎ '피곤해 죽겠다' 라는 말을 자주 한다.
　◎ 힘들기는 하지만 내 주위에는 나를 도와주는 친구들이 있다는 생각을 한다.

　◎ 1~2개 행복 청신호　　　◎ 3~4개 행복 황신호　　　◎ 5~6개 행복 적신호

 쓰기

인간은 누구나 행복하게 살기를 원합니다. 행복한 삶의 조건에 대해 자신의 생각을 써 보십시오.

◎ 행복은 무엇이라고 생각합니까?
◎ 여러분은 언제 행복하다고 느낍니까?
◎ 행복하게 살기 위해서 어떤 노력을 합니까?

❶ 도입

❷ 전개

❸ 마무리

# memo

# 6

## LESSON

# 한국의 축제

| 학습 목표 | • 한국과 고향의 축제를 비교해서 말할 수 있다. |
| --- | --- |
| | • 축제에 관한 정보를 읽고 내용을 이해할 수 있다. |
| 문　법 | 1. N(이)야 |
| | 2. A/V-기 마련이다　　A/V-게 마련이다 |

알고 있는 한국의 축제가 있습니까?

세계적으로 유명한 축제에는 무엇이 있습니까?

# 본문

안녕하십니까? 서울 거리 예술 축제에 대해 안내 말씀 드리겠습니다. 서울에서는 오늘 5월 4일 밤 전야제를 시작으로 내일부터 사흘 간 '서울 거리 예술 축제'를 개최합니다. 이번 축제는 '세계 속의 서울, 서울 속의 세계'라는 주제로 남녀노소 할 것 없이 누구나 함께 즐길 수 있는 행사가 될 것입니다. 다채로운 프로그램이 시내 곳곳에서 진행될 것이며 불꽃놀이, 연극, 마술 공연 등을 합니다. '서울 거리 예술 축제'는 서울 시민이 직접 만들어 가는 축제입니다. 여러분의 많은 관심과 참여를 부탁드립니다. 이상으로 '서울 거리 예술 축제'에 대한 안내를 마치겠습니다. 감사합니다.

지영 : 왜 이렇게 늦었어? 벌써 약속 시간이 30분이나 지났잖아.

정우 : 미안, 미안. 이렇게 차가 막힐 줄 어떻게 알았겠어? 정말 미안해. 그런데 오늘 서울에 무슨 일 있어? 서울 시청 앞에 붉은 옷을 입은 사람들이 많이 모여 있더라. 월드컵 때도 많은 사람들이 붉은 옷을 입고 모여서 응원을 한다고 야단이었잖아.

지영 : 맞아. 그때 그건 응원이라기보다는 모이기를 좋아하고 '흥'을 즐기는 한국 사람들의 축제였다고 해도 과언이 아니지. 월드컵 이후로 많은 한국인들이 그와 같은 축제를 손꼽아 기다렸잖아.

정우 : 맞아. 지금 시청 앞 분위기가 그때와 비슷하더라고.

지영 : 왜냐하면 오늘부터 '서울 거리 예술 축제'를 하거든. 오늘 같은 날은 많은 사람들이 시청으로 모이니까 차가 막히기 마련이지.

정우 : 벌써 시간이 많이 지났네. 우리도 빨리 가서 구경하자.

지영 : 잠깐만. 구경이야 천천히 하면 되잖아. 무작정 가지 말고 먼저 축제 팸플릿을 보고 어디에 갈지 결정하는 게 좋을 것 같아.

| 거리 | 예술 | 축제 | 개최하다 | 공연 | 즐기다 | 행사 |
| 다채롭다 | 프로그램 | 불꽃놀이 | 마술 | 참여하다 | 월드컵 | 응원 |
| 흥 | 무작정 | 팸플릿 | 전야제 | | | |

# 어휘와 표현

| | | |
|---|---|---|
| 개막식 | 폐막식 | 지루하다 |
| 흥미롭다 | 기대만 못하다 | |

**1  A/V-을/ㄹ 줄 어떻게 알았겠어요?**

가 : 율리아 씨가 호앙 씨와 결혼 한다면서요?
나 : 율리아 씨와 호앙 씨가 결혼할 줄 어떻게 알았겠어요?

가 : 일찍 온다고 했는데 왜 이렇게 늦게 왔어요?
나 : 갑자기 교통사고가 날 줄 어떻게 알았겠어요?

**2  A-다고 야단들이다    V-는/ㄴ다고 야단들이다**

가 : 사람들이 왜 모여 있어요?
나 : 유명한 가수가 온다고 야단들이에요.

가 : 학생들이 왜 그래요?
나 : 지난 시험이 어려웠다고 야단들이에요.

**3  N(이)나 N(이)나 할 것 없이**

가 : 이번 휴가 때 산에 갈까요?  바다에 갈까요?
나 : 산이나 바다나 할 것 없이 사람이 많잖아요. 집에서 쉬는 게 좋을 것 같아요.

가 : 왜 그 사람을 "국민 가수"라고 불러요?
나 : 어른이나 아이나 할 것 없이 모두 좋아하니까요.

**4  손꼽아 기다리다**

가 : 무슨 일이 있어요?  계속 날짜를 확인해요?
나 : 부모님께서 한국에 오시는 날을 손꼽아 기다리고 있어요.

 문법

**1** N(이)야

가 : 이 책 좀 도서관에 반납해 줄 수 있어?

나 : 그 정도 부탁이야 들어줄 수 있지.


가 : 한국어를 네가 잘해?  호앙이 잘해?

나 : 한국어야 당연히 내가 더 잘하지.


가 : 지난 방학에 해외여행을 다녀와서 돈이 없어요.

나 : 돈이야 또 벌면 되지요.


**2** A/V-기 마련이다
A/V-게 마련이다

가 : 축제가 너무 지루해요.

나 : 기대가 크면 실망도 크기 마련이에요.


가 : 가방이 많이 닳았네요. 새로 사야겠어요.

나 : 물건이란 오래 쓰면 닳게 마련이에요.


가 : 데이트를 한다더니 기분이 아주 좋은가 봐요.

나 : 사랑하는 사람을 생각하면 저절로 웃음이 나기 마련이에요.

# 말하기

 고향 축제에 대해서 이야기해 보십시오.

❶ 축제 이름

_____

_____

❷ 축제 개최 시기

_____

_____

❸ 축제 개최 장소

_____

_____

❹ 축제의 주요 행사

_____

_____

_____

_____

❺ 그 외

_____

_____

 쓰기

고향의 축제에 대해 써 보십시오.

◎ 어떤 축제입니까?

◎ 축제의 유래는 무엇입니까?

◎ 축제 프로그램에는 무엇이 있습니까?

❶ 도입

❷ 전개

❷ 마무리

memo

# 7

LESSON

# 여성과 남성

- 남녀 차이에 대한 자신의 생각을 말할 수 있다.
- 보고서에 쓰이는 표현을 이해하고 쓸 수 있다.

1.  N에 의하면      N을/를 대상으로 조사하다[연구하다]
2.  A-은/ㄴ 것으로 나타나다[조사되다, 밝혀지다]

    V-는 것으로 나타나다[조사되다, 밝혀지다]

    N인 것으로 나타나다[조사되다, 밝혀지다]

다시 태어나면 남자로 태어나고 싶습니까? 아니면 여자로 태어나고 싶습니까?

그런 생각을 한 이유는 무엇입니까?

# 본문

한 보고서에 의하면 한국의 양성 평등 수준이 세계 115개국 가운데 92위라고 한다. 이 보고서는 각국의 남녀를 대상으로 교육, 보건, 고용, 정치 4개 부문에서의 남녀 불평등 현상을 조사한 뒤 부문별 점수를 합산하여 순위를 매겼다. 이 조사에 따르면 세계 각국은 전체적으로 교육, 보건 부문에서는 양성 평등이 상당히 진전되었지만, 고용과 정치 부문에서의 평등은 아직 미흡한 것으로 나타났다.

남자 : 이번에 새로 온 팀장이 여자라면서요?

여자 : 그렇대요. 나이가 서른일곱 살인데 아직 미혼이라고 하더군요.

남자 : 그럴 줄 알았어요. 아닌 게 아니라 저번 인사 회의 때 보니까 말을 똑 부러지게 하던데, 아마 성격도 보통이 아닐 거예요. 여자가 그렇게 빨리 승진하기는 쉬운 일이 아니잖아요.

여자 : 어머? 여자라고 남자와 다를 게 있나요?

남자 : 몇 년 전만 해도 우리 회사에서 여자 직원은 과장 이상 승진하기도 힘들었고 게다가 육아 휴직도 없어서 결혼하면 회사에 다닐 수 없었잖아요. 또 여자가 결혼하면 회사를 그만두는 것을 당연하게 여겼고요.

여자 : 육아 휴직이 없는 것은 잘못된 기업 문화예요. 아이를 키우는 것도 힘든데 아이가 있다고 해서 일을 못하게 한다면 그것처럼 말도 안 되는 일이 또 어디 있어요?

남자 : 여자가 아기를 키우는 것은 당연해요. 엄마가 일을 하면 아기는 누가 키워요?

여자 : 어머, 듣기가 좀 거북하네요. 그게 어째서 엄마 혼자 책임져야 할 일이에요? 아빠와 공동의 책임이지요.

남자 : 남자와 여자는 생물학적으로 차이가 있어요. 그렇기 때문에 일에도 구분이 있는 것은 당연해요. 어린 아이들만 봐도 남자 아이와 여자 아이는 놀이 취향부터 다르잖아요?

여자 : 저는 그렇게 생각하지 않아요. 생물학적 차이는 있을지라도 그것이 능력의 차이는 아니에요. 차별과 차이는 구분되어야 한다고 생각해요. '여자는 태어나는 것이 아니고 만들어지는 것이다' 라는 말도 있잖아요.

| 평등 | 보건 | 고용 | 부문 | 불평등 | 합산하다 | 순위 |
| 매기다 | 상당히 | 진전되다 | 미흡하다 | 육아 | 휴직 | 기업 |
| 거북하다 | 책임 | 공동 | 생물학 | 구분하다 | 취향 | |

# 어휘와 표현

| 성별 | 동성 | 이성 | 여자답다 | 남자답다 |
|---|---|---|---|---|
| 얌전하다 | 점잖다 | 승부욕이 강하다 | 감정이 풍부하다 | 사고방식 |

## 1 N을/를 A-게 여기다    N을/를 N(으)로 여기다

가 : 왕밍 씨에게 무엇보다도 소중한 것은 뭐예요?

나 : 저는 무엇보다도 가족을 소중하게 여겨요.


가 : 우리 엄마는 잔소리가 심하셔. 아직도 나를 아기로 여기시는 것 같아.

나 : 불평하지 마. 너를 걱정하셔서 그러시는 거야.


## 2 아닌 게 아니라

가 : 요즘 여자들은 너무 마른 몸매를 선호하는 것 같아.

나 : 아닌 게 아니라 날씬한 여자들도 다이어트를 하겠다고 야단들이야.

가 : 새로 들어간 직장이 너무 힘들어.

나 : 아닌 게 아니라 피곤해 보여. 살도 좀 빠진 것 같다.


## 3 똑 부러지다

가 : 지우 씨는 어떤 사람이에요?

나 : 정말 성실한 사람이에요. 일도 똑 부러지게 잘하고요.

가 : 저기, 내 생각엔… 그러니까… 그건 별로…

나 : 뭐라고 하는 거야?  똑 부러지게 얘기해 봐.

## 문법

**①** N에 의하면

가 : 하늘에 구름이 많이 낀 것을 보니까 비가 오려나 봐요.

나 : 네, 일기 예보에 의하면 곧 장마가 시작된대요.

가 : 이번 문화 수업은 어디로 간대요?

나 : 선생님 말씀에 의하면 설악산으로 간다고 해요.

**②** N을/를 대상으로 조사하다[연구하다]

가 : 이 설문 조사는 누구를 대상으로 조사를 했습니까?

나 : 한국을 방문한 외국인 관광객을 대상으로 조사를 했습니다.

가 : 이번에 발표한 논문 내용은 무엇을 연구한 것입니까?

나 : 매일 담배를 피우는 흡연자를 대상으로 암에 걸릴 확률을 연구한 것입니다.

**③** A-은/ㄴ 것으로 나타나다[조사되다, 밝혀지다]
V-는 것으로 나타나다[조사되다, 밝혀지다]
N인 것으로 나타나다[조사되다, 밝혀지다]

가 : 이번 설문 조사의 결과는 어떻게 나타났습니까?

나 : 한국 사람들은 연평균 61kg의 쌀을 소비하는 것으로 나타났습니다.

가 : 한국의 집값은 지역에 따라 큰 차이를 보이고 있다고 들었습니다.

나 : 네. 서울의 집값이 다른 지역에 비해 상당히 비싼 것으로 조사되었다고 합니다.

가 : 이번 살인 사건의 범인이 잡혔다면서요?

나 : 네, 30대 남성이 범인인 것으로 밝혀졌습니다.

# 말하기

**1** 여러분은 어떤 남자나 여자를 볼 때 '멋있다', '예쁘다(아름답다)'고 생각합니까?

| 남자가 볼 때 멋있는 남자 | 남자가 볼 때 예쁜 여자 |
| --- | --- |
| | |

| 여자가 볼 때 멋있는 남자 | 여자가 볼 때 예쁜 여자 |
| --- | --- |
| | |

**2** 최근에는 남녀의 차이가 과거에 비해 줄어들고 있습니다. 그 이유는 무엇이라고 생각합니까?

 쓰기

여러분이 생각하는 여성과 남성의 차이는 무엇입니까? 써 보십시오.

◎ 여러분은 이성의 생각이나 행동을 이해할 수 없는 것이 있습니까?

◎ 그런 차이가 있을 때 여러분은 어떻게 합니까?

◎ 여성과 남성이 서로의 차이를 이해하려면 어떻게 해야 합니까?

❶ 도입

❷ 전개

❸ 마무리

# memo

# 8

## LESSON

# 세대 차이

- 세대 차이에 대한 자신의 생각을 말할 수 있다.
- 각 세대의 특징에 대해 비교하는 글을 쓸 수 있다.

1. N마저
2. A/V-을/ㄹ지라도

부모님이나 선생님과 생각이 달라서 문제가 생긴 적이 있습니까?

왜 그런 문제가 생겼다고 생각합니까?

# 본문

아버지 : 얼마 전 회사 동료 집에 갔는데 그 집 아이를 보고 깜짝 놀랐어.

딸 : 무슨 일이라도 있으셨어요?

아버지 : 옷차림이 어찌나 요란하던지. 학생이 옷을 단정하게 입어야지. 미니스커트에 머리는 노랗게 염색을 하고, 귀에는 큰 귀고리를 몇 개씩이나 달았는지.

딸 : 그게 뭐가 어때서요? 요즘 대학생들이 미니스커트 입는 건 별로 특별한 일도 아니에요. 염색도 많이 하고요. 저는 오히려 그렇게 이야기하시는 아버지가 이해가 안 가는걸요.

아버지 : 아니, 너마저 내가 이상하다는 거냐? 네가 개방적인 성격인 건 알고 있지만 그건 좀 심하다는 생각이 들지 않니?

딸 : 아버지가 요즘 20대를 잘 모르셔서 그래요. 요즘 저희 세대는 남자들도 외모를가꾸는 세상이에요.

아버지 : 그게 사실이니? 나는 도무지 이해가 안 되는구나. 세대에 따라 가치관에 차이가 있을지라도 그건 좀 심한 것 같은데.

딸 : 남들과 똑같이 하고 다니면 개성이 없어 보이잖아요. 요즘 세대는 옷차림뿐만 아니라 자기표현이 확실한 세대예요. 그렇지 않으면 경쟁력이 없다고요.

아버지 : 그래. 현모양처보다 능력 있는 여자를 신붓감으로 원하고 남녀사이에도 우정이 존재할 수 있다고 이야기하니, 나는 너희 젊은이들의 가치관을 따라가기가 숨이 차는구나.

| 동료 | 옷차림 | 요란하다 | 단정하다 | 개방적 |
|------|--------|----------|----------|--------|
| 세대 | 도무지 | 가치관 | 개성 | 경쟁력 |
| 현모양처 | 우정 | 존재하다 | 젊은이 | |

# 어휘와 표현

| 신세대 | 구세대 | 기성 세대 | 보수적 | 자유분방하다 |
|---|---|---|---|---|
| 격식을 차리다 | 다양성 | | | |

**1** 숨(이) 차다

가 : 왜 이렇게 힘들어 해요?

나 : 버스정류장에서부터 쉬지 않고 뛰어 와서 숨이 차요.

가 : 요즘 한국어 수업은 어때요?

나 : 너무 어려워서 진도를 따라가기에도 숨이 차요.

**2** A-은/ㄴ 것만도 어딘데(요)    V-는 것만도 어딘데(요)

가 : 생일인데 선물도 못 샀어요. 미안해요.

나 : 선물은 필요 없어요. 생일을 기억해 주는 것만도 어딘데요.

가 : 설거지, 청소 모두 다 했는데 빨래를 못 했네요.

나 : 설거지와 청소를 한 것만 해도 어딘데요. 정말 고생했어요.

**3** (N에 따라) N(에) 차이를 보이다
(N에 따라) N(에) 차이가 있다[나다]

가 : 제주도 여행을 가려고 하는데 돈이 얼마나 필요할까요?

나 : 여행 스타일에 따라 차이가 있어요.

가 : 호앙 씨가 왜 그런 행동을 했을까요?

나 : 사람의 행동은 성격에 따라 차이를 보여요. 지영 씨가 이해하세요.

 문법

**1** N마저

가 : 선생님, 죄송해요. 숙제를 해 오지 못했어요.

나 : 호앙 씨마저 숙제를 해 오지 않았다니 실망이에요.


가 : 돈 좀 빌려줄 수 있어요?

나 : 가지고 있던 만 원마저 다 써 버렸어요.


가 : 학생들이 왜 이렇게 안 왔지요?

나 : 눈이 너무 많이 와서 지하철마저 끊겼대요.


**2** A/V-을/ㄹ지라도

가 : 취직해서 좋았는데 직장 생활이 쉽지만은 않네요.

나 : 지금은 힘들지라도 조금만 지나면 괜찮아질 거예요.


가 : 제가 잘못한 것도 아닌데 왜 제가 참아야 하죠?

나 : 동생이 잘못했을지라도 네가 언니니까 동생을 잘 돌봐야지.


가 : 내일 문화 수업 가는데 비가 온다고 해요.

나 : 비가 올지라도 문화 수업 가니까 늦지 않게 오세요.

 말하기

 세대 차이를 느낀 적이 있습니까? 언제, 누구와, 왜 세대 차이를 느꼈습니까?

| | | | |
|---|---|---|---|
| 언제 | 텔레비전을 볼 때 | | |
| 누구와 | 부모님과 | | |
| 왜 | 보고 싶은 텔레비전 프로그램이 달라서 | | |

| | | | |
|---|---|---|---|
| 해결 방법 | 꼭 보고 싶은 것은 서로 의논을 해서 텔레비전을 본다. | | |

 쓰기

앞에서 말한 내용을 바탕으로 여러분이 느낀 세대 차이에 대해 써 보십시오.

◎ 누구와 세대 차이를 느꼈습니까?

◎ 무엇 때문에 세대 차이를 느꼈습니까?

◎ 어떻게 하면 세대 차이를 줄일 수 있습니까?

❶ 도입

❷ 전개

❸ 마무리

# memo

# 9

LESSON

# 한국의 음주 문화

**학습 목표**

- 한국의 음주 예절을 알 수 있다.
- 고향과 한국의 음주 문화를 비교하고 말할 수 있다.

**문 법**

1. A-다면서          V-는/ㄴ다면서          N(이)라면서
   A/V-냐면서          V-자면서          V-(으)라면서
2. V-아/어다(가)

사람들이 술을 마시는 이유가 무엇이라고 생각합니까?

술을 마신 후 하는 행동에 대해서 어떻게 생각합니까?

73

# 본문

준　코 : 어제 신입생 환영회는 어땠어요? 늦게까지 술을 마셨다고 하던데.

호　앙 : 말도 마세요. 술을 많이 마셔서 오늘 수업 받기도 힘들 정도였어요.

준　코 : 좀 적당히 마시지 그랬어요?

호　앙 : 선배들이 권하는 술을 다 받아 마셨더니 어느새 취해서 어떻게 하숙집에 돌아갔는지도 모르겠어요.

준　코 : 저런. 술을 잘 못하는 모양이군요.

호　앙 : 내가 술을 잘 마시지 못 하는 게 아니라 한국 사람들이 술을 너무 많이 마시는 것 같아요. 가끔 친구들이 저에게 술 한잔하자면서 인사하면 걱정부터 된다니까요.

라이언 : 호앙 씨, 너무 걱정하지 마세요. '술 한잔하자' 라는 말은 친근감의 표현이에요. 한국인에게 있어서 술자리는 조금 특별하거든요. 우리 캐나다만 해도 술은 집에서 혼자 마시는 게 보통이고 여럿이 모였을 때도 자기 술은 각자 따라 마시거든요. 그런데 한국인들은 술집에서도 큰 통의 술을 시켜서 서로 따라 주며 나눠 마시잖아요. 이게 바로 한국 음주 문화의 특징인 것 같아요.

호　앙 : 그래요? 난 술 약속이라고 생각했었는데⋯⋯. 그게 아니라니 다행이네요.

준　코 : 한국 사람들은 술자리를 아주 좋아하는 편이죠. 술자리에서 신나게 이야기하고 마시면서 서로에 대한 정을 다시 확인하지요. 그래서 한국 사람들은 혼자 술 마시는 일이 흔하지 않아요. 보통 술을 마시고 싶으면 함께 마실 사람을 찾아서 술자리를 만들곤 해요.

라이언 : 한국인에게 있어서 '술 한잔' 의 의미는 바로 인간관계의 일부예요. 서먹서먹한 선후배 사이, 어려운 직장 상사와 부하 직원 모두들 술자리를 통해서 쉽게 친해지니까 말이에요.

호　앙 : 그럼 오늘 저녁에 옆 방 친구에게 술 한잔하자고 해야겠어요. 며칠 전에 다퉜거든요.

준　코 : 아무리 술이 좋아도 '술 앞에 장사 없다' 고 하잖아요. 매일 마시는 것은 건강에 좋지 않아요.

| 권하다 | 한잔하다 | 친근감 | 표현 | 술자리 | 신나게 |
| 흔하다 | 서먹서먹하다 | 상사 | 부하직원 | 장사 | |

# 어휘와 표현

| 과음 | 주량 | 술버릇 |
|------|------|--------|
| 술고래 | 술주정 | (알코올) 중독자 |

 **N도 마   V-지도 마   N도 V-지 마**

가 : 어제 소개팅한 남자는 어땠어?

나 : 말도 하지 마. 정말 별로였어.


가 : 배로 제주도에 갔다왔다면서?

나 : 여행 이야기는 하지도 마. 멀미 때문에 정말 힘들었거든.

 **A-은/ㄴ 경우가 (많이) 있다[없다]**
**V-는 경우가 (많이) 있다[없다]**

가 : 오늘 날씨가 더운데 왜 스웨터를 가져 왔어요?

나 : 에어컨 바람 때문에 추운 경우가 많아서요.


가 : 오늘 일기예보에서 비가 온다고 해서 우산을 가져 왔는데 덥기만 한데요.

나 : 일기예보도 가끔 틀리는 경우가 있잖아요.

 문법

**1** A-다면서    V-는/ㄴ다면서    N(이)라면서
A/V-냐면서
V-자면서
V-(으)라면서

준코 : 왕밍 씨가 결혼한다던데요.

지영 : 네, 어제 저한테 직접 와서 다음 달에 결혼한다면서 청첩장을 줬어요.


준코 : 이 과자는 누가 줬어요?

지영 : 엥크 씨가 맛있다면서 줬어요.


준코 : 호앙 씨가 왜 전화했어요?  무슨 일이 있어요?

지영 : 아니에요. 주말에 같이 공부하자면서 전화했어요.


**2** V-아/어다(가)

가 : 책을 읽고 싶은데 책값이 너무 비싸.

나 : 그럼, 도서관에서 빌려다가 읽어.


가 : 라면이 먹고 싶은데 나가기가 귀찮네.

나 : 내가 세탁소에 가는 길에 사다 줄까?


가 : 밖에 나가는 길인데 부탁할 거 있어?

나 : 응, 그럼 나 은행에서 돈 좀 찾아다가 줄래?


가 : 나 화장실에 잠깐 갔다 올게.

나 : 잠깐만!  미안한데, 화장실에 다녀오는 길에 커피 한 잔만 뽑아다 줘.

# 말하기

 고향의 주도나 음주 문화에 대해서 이야기해 보십시오.

❶ 술자리 배정 ........................................................................................

❷ 술을 권하기 ........................................................................................

❸ 첫 잔 받기 ........................................................................................

❹ 술을 따르기 ........................................................................................

❺ 잔을 비우기 ........................................................................................

|  | 국적 | 술자리 예절 | |
|---|---|---|---|
|  |  | 공통점 | 차이점 |
| 나 |  |  |  |
| 친구1 |  |  |  |
| 친구2 |  |  |  |

 여러분이 알고 있는 사람들의 음주 후 습관에 대해서 이야기해 보십시오.

........................................................................................

........................................................................................

........................................................................................

........................................................................................

 **쓰기**

올바른 음주 문화에 대해 여러분의 생각을 써 보십시오.

◎ 음주에 대한 여러분의 생각은 어떻습니까?

◎ 음주의 좋은 면과 나쁜 면은 무엇입니까?

◎ 올바른 음주 문화는 무엇이고 어떻게 조성해야 합니까?

❶ 도입

❷ 전개

❸ 마무리

# memo

# 10

## LESSON

# 대중문화

**학습 목표**

• 대중 문화에 대한 자신의 생각을 말할 수 있다.
• 대중 문화에 관한 정보를 읽고 내용을 이해할 수 있다.

**문 법**

1. V-(으)려던 참이다
2. V-기가 무섭게

여러분은 문화생활을 자주 합니까?

어떤 문화생활을 즐깁니까? 그 이유는 무엇입니까?

# 본문

준코 : 정우 씨, 안녕하세요. 여기서 뭐 하세요?

정우 : 어, 준코 씨. 안녕하세요. 이번 주말에 공연을 보고 싶어서 준코 씨에게 연락하려던 참이었어요.

준코 : 요즘 바쁘다고 하지 않았어요?

정우 : 네, 일이 많아서 정신이 없었는데 이제 다 끝났어요. 시간 괜찮으면 같이 갈래요?

준코 : 좋아요. 어떤 공연을 볼까요?

정우 : 저는 마당놀이 같은 전통 공연이나 오페라 같은 고전적인 공연도 좋아하고 뮤지컬이나 콘서트 같은 현대적인 공연도 좋아해요. 아, 혹시 뮤지컬 '명성황후' 봤어요? 제 친구가 봤는데 재미있대요. 준코 씨가 아직 보지 않았다면 같이 보러 갈까요?

준코 : 그 공연은 역사를 바탕으로 제작한 거지요? 제가 이해하기 어렵지 않을까요? 사실 저는 콘서트 같은 대중문화 공연을 자주 보러 가요.

정우 : 사실 보통 사람들은 오페라나 발레 같은 고전적인 공연은 감상하기 어려워요. 저도 공연장에 가기가 무섭게 팸플릿부터 찾아서 읽어요. 그런데 요즘은 고전적인 공연들을 현대적으로 각색한 것이 많아요. 이런 공연은 많은 사람들이 쉽게 관람할 수 있어요. 그런 공연을 본 적 있어요?

준코 : 네, 그런 공연을 본 적이 있어요. 퓨전이라고 하지요?

정우 : 네, 맞아요. 제가 지난번에 본 공연에서는 발레와 브레이크 댄스가 같이 나왔어요. 아주 재미있었어요.

준코 : 저도 그 공연 본 적 있어요. 재미있었어요. 음… '명성황후'도 퓨전 공연인가요?

정우 : 아니에요. 하지만 명성황후는 현대적인 뮤지컬이에요. 보기가 그리 어렵지 않을 거예요.

준코 : 좋아요. 그럼 한번 도전해 보겠어요. 언제 공연을 하는지 같이 알아봐요.

| 마당놀이 | 오페라 | 고전적 | 뮤지컬 | 콘서트 | 현대적 |
| --- | --- | --- | --- | --- | --- |
| 명성황후 | 바탕 | 제작하다 | 발레 | 각색하다 | 관람하다 |
| 퓨전 | 브레이크 댄스 | 도전하다 | | | |

# 어휘와 표현

| 사회적 영향력 | 선정적이다 | 상업적이다 | 획일적이다 |
| 대리 만족을 느끼다 | 악영향을 미치다 | 폭력적이다 | 표현의 자유 |

**1** 그리 A/V-지 않다

가 : 정우 씨, 오늘 오후에 바빠요?

나 : 아니요, 오늘은 그리 바쁘지 않아요.

가 : 지영아, 야구를 좋아해?

나 : 아니, 그리 좋아하지 않아.

**2** 정신이 없다

가 : 라이언 씨, 요즘 왜 그래요?  많이 힘들어 보여요.

나 : 갑자기 일이 많아져서 정신이 없어요.

가 : 어제 어린이집에서 아르바이트 했다면서?  어땠어?

나 : 애들이 너무 많아서 정신이 없었어.

**3** 정신을 차리다

가 : 지영아, 일어나!  정신 차리고 학교 가야지?

나 : 네, 엄마. 알았어요.

가 : 요즘 정우 씨는 어떻게 지내요?  아직도 매일 게임만 해요?

나 : 아니요, 요즘은 정신 차리고 열심히 공부하고 있어요.

## ① V-(으)려던 참이다

가 : 율리아 씨가 왜 안 오지?  전화 좀 해볼까요?

나 : 네, 지금 전화하려던 참이에요.


가 : 배고픈데 뭐 좀 먹을까요?

나 : 지금 막 라면을 끓이려던 참이에요. 하나 더 끓일까요?


가 : 지영아, 방 좀 치워라. 너무 더럽잖아.

나 : 지금 막 치우려던 참이었어요.


가 : 아직 집이야?  약속 시간이 30분이나 지났어.

나 : 미안해. 지금 출발하려던 참이었어. 바로 갈게.


## ② V-기가 무섭게

가 : 왕밍 씨가 무슨 일이 있어요?  수업이 끝나기가 무섭게 밖으로 나갔어요.

나 : 글쎄요. 저는 잘 모르겠는데요.


가 : 배가 많이 고팠어요?  음식이 나오기가 무섭게 다 먹었네요.

나 : 어제 저녁부터 한 끼도 못 먹었거든요.


가 : TV를 안 보면 끌까요?

나 : 저는 집에 도착하기가 무섭게 TV부터 켜요. TV 소리가 없으면 불안해요.

 **말하기**

사람들은 왜 스타에게 열광합니까?

대중에게 보여지는 스타의 모습은 어떻습니까?

여러분 나라에서는 대중문화의 영향력이 어느 정도입니까?
구체적으로 이야기해 봅시다.

 **쓰기**

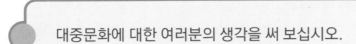

대중문화에 대한 여러분의 생각을 써 보십시오.

◎ 대중문화란 무엇입니까?

◎ 대중문화의 긍정적인 면과 부정적인 면은 무엇입니까?

◎ 대중문화가 사회에 미치는 영향은 무엇입니까?

**❶ 도입**

_____

_____

_____

**❷ 전개**

_____

_____

_____

_____

_____

_____

**❸ 마무리**

_____

_____

_____

# memo

LESSON

11

# 토 론

| 학습 목표 | • 찬성과 반대의 의견을 이야기할 수 있다. |
| | • 주제에 대해 자신의 의견을 주장할 수 있다. |
| 문　법 | 1. N에 의해서 |
| | 2. A/V-을/ㄹ 수밖에 없다 |

토론이란 무엇입니까?

중·고등학교 때 토론을 한 적이 있습니까? 어떤 주제로 토론을 했습니까?

# 본문

사회자 : 지금부터 '휴대 전화 사용 제한'에 관한 안건으로 토론을 시작하겠습니다. 먼저 이 안건을 제출한 호앙 씨의 의견을 들어보겠습니다.

호 앙 : '공공장소에서 휴대 전화를 사용해서는 안 된다'는 안건입니다. 이 안건은 휴대 전화 사용을 제한하기 위해서 제안합니다. 우리 학교는 이 안건을 통과시켜 교내에서는 휴대 전화를 사용할 수 없도록 해야 합니다.

사회자 : 이 안건에 대해 여러분의 의견을 말씀해 주십시오.

라이언 : 학생들의 교내 휴대 전화 사용을 제한하는 것은 바람직하다고 생각합니다. 휴대 전화의 벨소리는 수업 분위기를 방해하고, 또 일부 학생들의 예의 없는 휴대 전화 사용은 다른 학생에게 피해를 주기 때문입니다.

지 영 : 휴대 전화 사용 금지는 학생들의 인권을 무시하는 일입니다. 휴대 전화 사용을 제한하기보다는 올바른 전화 사용 습관을 가질 수 있도록 해야 하지 않겠습니까?

정 우 : 자율적 규제가 아닌 법으로 규제하는 것은 옳지 않습니다. 스스로 판단하고 결정할 수 있도록 해야 합니다.

라이언 : 학생들이 수업 시간에 문자 메시지를 주고받는 일이 매우 많습니다. 학습에도 도움이 되지 않습니다. 이런 상황이 계속되면 학업 분위기와 학업의 질도 떨어질 수밖에 없습니다.

사회자 : 학우들의 의견 잘 들었습니다. 그럼 이상으로 토론을 마치고 지금부터 표결하겠습니다. 다수결에 의해서 과반수 이상 득표수가 나오는 의견을 반영하도록 하겠습니다.

| 제한하다 | 안건 | 토론 | 제출하다 | 의견 | 공공장소 |
| --- | --- | --- | --- | --- | --- |
| 제안하다 | 통과 | 교내 | 바람직하다 | 방해하다 | 인권 |
| 무시하다 | 올바르다 | 습관 | 자율적 | 규제 | 판단하다 |
| 주고받다 | 상황 | 표결하다 | 다수결 | 과반수 | 득표 |

# 어휘와 표현

| 주장하다 | 정중하다 | 무례하다 | 대응하다 |

**1** A-다고 봅니다[생각합니다]
V-는/ㄴ다고 봅니다[생각합니다]
N(이)라고 봅니다[생각합니다]

가 : 어떻게 하면 건강해질 수 있습니까?

나 : 규칙적으로 생활하면 건강해질 수 있다고 봅니다.


가 : 직업을 선택할 때 무엇을 가장 먼저 생각해야 합니까?

나 : 본인의 적성을 고려해야 한다고 생각합니다.


**2** A/V-지 않겠습니까?

가 : 내일 저녁에 수원역에서 만나는 것이 좋겠습니다.

나 : 수원역은 사람이 많아서 복잡하지 않겠습니까?


가 : 이번 주 금요일 저녁에 회식을 했으면 좋겠습니다.

나 : 금요일 저녁에는 사람들이 약속이 있지 않겠습니까?


가 : 저는 수업 시간에 휴대폰을 사용해도 된다고 봅니다.

나 : 휴대폰을 사용하면 다른 사람에게 피해를 주지 않겠습니까?

## 1 N에 의해서

가 : 대통령은 어떻게 선출되나요?

나 : 한국의 대통령은 국민의 투표에 의해서 선출됩니다.


가 : 드라마의 결말은 어떻게 결정됩니까?

나 : 요즘은 시청자의 의견에 의해서 결정되기도 합니다.


## 2 A/V-을/ㄹ 수밖에 없다

가 : 왜 내가 요리를 하면 맛이 없을까요?

나 : 요리법대로 요리하지 않으면 맛이 없을 수밖에 없어요.


가 : 내 친구는 항상 1등을 해요.

나 : 날마다 열심히 공부하니 1등을 할 수밖에 없지요.


가 : 웬일이야?  네가 밤새도록 공부를 하고?

나 : 내일 시험을 보니까 밤새 공부할 수밖에 없잖아.

 **말하기**

 다음을 보고 나의 생각을 이야기해 보십시오.

**1** 동성 결혼 : ◎ 찬성    ⊗ 반대

이유
_____
_____
_____
_____
_____
_____

**2** 낙태 : ◎ 찬성    ⊗ 반대

이유
_____
_____
_____
_____
_____
_____

**3** 사형제도 : ◎ 찬성    ⊗ 반대

이유
_____
_____
_____
_____
_____
_____

쓰기

다음의 주제 중에서 하나를 골라 자신의 생각을 쓰십시오.

◎ 낙태

◎ 사형제도

◎ 보신탕

❶ 도입

❷ 전개

❷ 마무리

# memo

# 12

## LESSON

# 옛날이야기

알고 있는 한국의 옛날이야기가 있습니까?

어떤 내용입니까?

# 본문

아이 1,2 : 하하하, 온달 온다. 바보 온달.

해설자 : 아이들은 온달을 보며 마구 놀려 댔습니다. 그러나 온달은 화를 내지 않았습니다. 한편 왕은 어린 공주의 우는 버릇 때문에 늘 골치가 아팠습니다. 그래서 왕은 평강공주가 울면 '그렇게 울면 바보 온달에게 시집보내겠다.'고 했습니다. 그러던 어느 날.

왕 : 공주야. 이제 너도 결혼할 때가 되었구나. 고 씨 집안으로 시집을 가거라.

공 주 : 싫어요. 저를 바보 온달에게 시집보낸다고 하셨잖아요?

왕 : 그것은 네가 하도 울어서 그런 거지. 어떻게 공주가 바보와 혼인을 하느냐?

공 주 : 아바마마는 모든 백성의 어버이이신데 어떻게 거짓말을 하십니까? 어렸을 때부터 바보 온달에게 시집보낸다고 하셨으니 저는 바보 온달에게 시집을 가겠습니다.

왕 : 뭐라고? 그런 소리를 하려거든 궁궐 밖으로 썩 나가거라.

해설자 : 평강공주는 패물을 싸 가지고 궁궐을 나와 온달을 찾아갔습니다. 공주는 온달과 온달의 어머니를 설득하여 결혼하고 온달에게 무예와 학문을 가르쳤습니다. 그 후 온달은 그 누구보다도 용감한 장군이 되어 왕의 인정을 받았습니다.

지 영 : 엥크 씨는 어떤 여자를 원하세요?

엥 크 : 글쎄요. 성격 좋고 얼굴도 예쁘고, 게다가 능력도 있으면 금상첨화겠지요?

지 영 : 남자들도 능력 있는 여자를 좋아하는군요?

엥 크 : 물론이지요. 여자가 능력이 있다면 남자가 조금 더 편하지 않겠어요? 저는 결혼한 후에도 계속 공부를 하고 싶은데 그러면 여자가 돈을 많이 벌어야 할 게 아니에요?

지 영 : 엥크 씨, 마치 평강공주를 기다리는 온달처럼 보이는군요.

엥 크 : 평강공주요? 그게 누구예요?

지 영 : 한국 설화 속의 인물이에요. 신분이 낮은 바보 온달이 공주 덕분에 훌륭한 장군이 되었다는 이야기예요.

엥 크 : 그러니까 지영 씨 말 뜻은 제가 온달처럼 저를 성공으로 이끌 여자를 찾는다는 말씀이군요?

지 영 : 네, 남자들이 자신의 일생을 화려하게 바꾸어 줄 여자를 기다리는 것을 보고 평강공주를 기다리는 온달이라고 해요.

엥 크 : 그렇게 똑똑하고 능력 있는 여자라면 어느 남자가 싫다고 하겠어요? 평강공주야말로 제가 기다리던 이상형이에요.

| 놀리다 | 집안 | 혼인하다 | 아바마마 | 백성 | 어버이 |
| 궁궐 | 썩 | 패물 | 학문 | 장군 | 금상첨화 |
| 설화 | 신분 | 이끌다 | 화려하다 | | |

# 어휘와 표현

| 옛날이야기 | 동화 | 조상 | 교훈 | 권선징악 |

### 1 골치(가) 아프다

가 : 청소를 전혀 안 하는 룸메이트 때문에 골치 아파 죽겠어요.

나 : 다음 학기에는 혼자 사는 건 어때요?

가 : 골치 아픈 일은 잊어버리고 기분 좋게 한잔합시다!

나 : 그래요, 하루만이라도 편해지고 싶네요.

### 2 하도 A/V-아/어서

가 : 아주머니는 어디 가셨어요?

나 : 아기가 하도 울어서 데리고 나가셨어요.

가 : 요즘 하도 바빠서 고향에 전화도 못 했어요.

나 : 부모님이 걱정하시겠어요. 지금이라도 빨리 전화해 보세요.

가 : 어제 왜 운동하러 안 나왔어?

나 : 미안해. 하도 머리가 아파서 운동하러 못 갔어.

### 3 마치 N 같다    마치 N처럼[같이]

가 : 지우 씨, 드레스를 입으니까 마치 천사 같아요.

나 : 저는 어색하기만 한데요.

가 : 동건 씨, 하늘을 좀 보세요. 마치 불에 타는 것 같아요.

나 : 와, 이렇게 예쁜 노을은 또 오랜만이네요.

가 : 어제 에버랜드에서 재미있게 놀았어요?

나 : 네, 우리는 마치 어린애처럼 뛰어 놀았어요.

 문법

**1** N(이)야말로

가 : 외국인들이 가장 좋아하는 음식은 무엇일까요?

나 : 삼겹살이야말로 외국인들이 제일 좋아하는 음식이죠.


가 : 세상에서 제일 어려운 언어는 한국어인가요?

나 : 저는 영어야말로 제일 어렵다고 생각해요.


**2** V-아/어 대다

가 : 공부도 안 하고 그렇게 놀아 대면 대학에 못 가요.

나 : 오늘부터 열심히 공부할게요.


가 : 라이언 씨, 어젯밤에 못 잤어요?  눈이 빨개요.

나 : 네. 옆집 개가 하도 짖어 대서 잠을 잘 수가 없었어요.


가 : 지난주에 소개팅에서 만난 남자 어때?

나 : 말도 마. 밤낮으로 전화를 해 대서 귀찮아 죽겠어.

## 말하기

**1** 친구들과 같이 평강 공주와 바보 온달 이야기를 각색해서 연극을 해 보십시오.

| 평강 공주 | 왕 | 바보 온달 |

| 시간/장소/ 상황 | | 대사 |
|---|---|---|
| 시간 : | 때: 평강 공주가 어렸을 때 | |
| 장소 : | 궁 | |
| 상황 : | 어린 평강 공주가 울자 왕이 말한다. | |
| 시간 : | 때: 평강 공주가 결혼할 나이가 되었을 때 | |
| 장소 : | 궁 | |
| 상황 : | 왕이 평강 공주에게 혼인을 제안한다. | |
| 시간 : | 때: 평강이 궁을 나와 온달 집에서 온달을 만났을 때 | |
| 장소 : | 온달 집 | |
| 상황 : | 평강 공주가 자신의 상황을 설명하고 결혼하자고 한다. | |

 쓰기

여러분 나라의 옛날이야기 중 하나를 소개해 보십시오.

◎ 어떤 이야기입니까?

◎ 어떤 교훈이 있습니까?

---

**1** 도입

**2** 전개

**3** 마무리

# memo

LESSON

13

# 올바른 소비 생활

**학습 목표**  올바른 소비에 대한 자신의 생각을 말할 수 있다.

**문    법**  1. A/V-고말고(요)     N(이)고말고(요)
              2. A/V-(으)나         N이나

한 달 생활비가 얼마나 듭니까?

어디에 돈을 가장 많이 씁니까?

# 본문

한 보고서에 따르면 성인 남녀 가운데 절반 이상이 3개 이상의 신용카드를 소지하고 있고 월 평균 신용카드 사용액은 100만 원이 넘는 것으로 조사되었다. 과소비로 인한 카드 연체율은 44.5%이며, 신용불량자의 수는 작년 말에 4.2% 증가한 것으로 나타났다. 적당한 신용카드의 사용은 현대인의 생활을 편리하게 해 주나 무분별한 신용카드의 사용은 우리 사회를 병들게 할 수 있다. 따라서 수입에 맞게 계획적으로 소비하는 올바른 소비 습관을 가져야 할 것이다.

여동생: 언니, 이 옷 어때? 나한테 잘 어울리는 것 같아?

언  니: 옷이 날개라더니 정말 몰라보겠어. 그런데 옷이 꽤 비싸 보이네?

여동생: 응. 그래서 백화점 세일을 눈이 빠지도록 기다리다가 샀어.

언  니: 아닌 게 아니라 전에 잡지에서 그 옷을 보고 네가 입으면 정말 예쁘겠다고 생각했었거든. 그런데 네 용돈으로 그 옷을 사기에는 부담스럽지 않았니?

여동생: 부담스럽고말고. 안 그래도 요즘 신용불량자가 많아졌다고 해서 신용카드 사용을 자제하고 있었거든. 참다가 결국 일부는 현금으로 내고 일부는 신용카드로 결제했어.

언  니: 잘했어. 카드는 잘 사용하면 우리의 생활에 많은 도움을 주지만 잘못 사용하면 충동구매와 과소비의 원인이 되기도 하니까. 우리 회사 동료는 매번 식사 때마다 비싼 음식만 먹고 옷도 유명 회사 것만 카드로 사서 입었는데 월말에 카드 청구서를 보고는 너무 놀라서 가위로 카드를 잘라 버렸대.

여동생: 맞아. 신용카드로 결제를 하면 당장 내 눈 앞에서 돈이 사라지는 게 아니라서 꼭 필요하지 않은 것들도 사게 되는 것 같아.

언  니: 이게 나한테 꼭 필요한지 내가 갚을 수 있는지를 한 번 더 생각하고 소비하는 올바른 소비 습관이 필요해.

| 성인 | 소지하다 | 사용액 | 연체율 | 신용불량자 | 무분별하다 | 병들다 |
| 수입 | 소비하다 | 자제하다 | 사라지다 | 일부 | 현금 | |

# 어휘와 표현

| (사용) 한도 | 연회비 | 할부 | 일시불 | 무이자 |
|---|---|---|---|---|
| (카드) 청구서 | 갚다 | 과소비 | 충동구매 | 알뜰 구매 |

### 1 몰라보게 V

가 : 고향에 2년 만에 돌아가니까 어땠어요?

나 : 여기저기 몰라보게 달라져서 길을 잃어버릴 뻔했어요.

가 : 그 개그맨이 살을 40kg이나 뺐대요.

나 : 네, 저도 어제 텔레비전에서 봤는데 살이 몰라보게 빠졌더라고요.

### 2 눈이 빠지도록 기다리다

가 : 부모님께서 오늘 한국에 오신다고 들었어요. 기분이 어때요?

나 : 제가 오늘이 오기를 눈이 빠지도록 기다렸어요.

가 : 어제 강아지를 잃어버렸다면서?

나 : 응. 그래서 혹시나 집을 찾아오지 않을까 해서 대문 앞에서 눈이 빠지도록 기다려 봤는데 안 왔어.

### 3 옷이 날개다

가 : 지영 씨가 오늘 정말 예쁘게 하고 왔던데요.

나 : 옷차림 하나에 다른 사람처럼 보이는 걸 보니 옷이 날개라는 말이 맞네요.

가 : 너도 이렇게 양복을 입으니 멋있네. 정말 옷이 날개다.

나 : 어디 양복 때문이겠어?  내가 원래 잘생겨서 그렇지.

 문법

**①** A/V-고말고(요)  N(이)고말고(요)

가 : 시험 보는 게 싫지요?

나 : 싫고말고요.

가 : 차수리가 내일까지 가능할까요?

나 : 가능하고말고요. 내일 이 시간에 찾으러 오시면 됩니다.

가 : 무엇보다 건강이 제일 중요한 것 같아.

나 : 맞아. 건강이 최고고말고.

**②** A/V-(으)나  N이나

가 : 이 바지는 어때요?

나 : 색깔은 좋으나 모양이 마음에 안 드는군요.

가 : 나이가 드니 마음은 젊으나 몸이 말을 안 듣네요.

나 : 나이 앞에 장사 있겠어요?

가 : 내일 날씨는 어떻습니까?

나 : 비가 오겠으나 많은 양은 아닙니다.

가 : 어제 쇼핑한다더니 백화점에 안 갔어?

나 : 백화점에 갔으나 마음에 드는 옷이 없어서 못 샀어.

# 쓰기

 **다음은 4개의 신용카드 광고입니다. 다음을 읽고 질문에 대답하십시오.**

| | |
|---|---|
| (1) 카드 | ◎ 주요 백화점 · 할인점 · 면세점 등에서 2~3개월 무이자 할부 서비스<br>◎ 전국 놀이공원에서 카드 결제 시 입장권 할인<br>◎ 유명 영화관 영화표 할인 |
| (2) 카드 | ◎ 전국 21 곳의 호텔에서 결제 시 최고 40% 할인<br>◎ 백화점과 마트에서 최고 10% 포인트 결제 가능<br>◎ 유명 음식점에서 최고 20% 포인트 결제 가능 |
| (3) 카드 | ◎ 마트 · 인터넷 쇼핑몰 3~5% 할인<br>◎ 첫해 연회비 면제<br>◎ 유명 음식점 10~20% 할인 |
| (4) 카드 | ◎ 모든 주유소에서 5% 주유 할인<br>◎ 국내선/국제선 항공권 최고 7% 할인<br>◎ 항공사 마일리지 1,500원에 1마일 적립 |

**❶ 다음 질문에 대답해 보십시오.**

1) 여러분은 어떤 카드를 만들겠습니까?

---

2) 왜 그 카드를 만들고 싶은지 이야기해 보십시오.

---

**❷ 위의 신용카드에서 나에게 필요한 혜택과 필요 없는 혜택에 대해서 이야기해 보십시오.**

| | 나에게 필요한 혜택 | 나에게 필요 없는 혜택 |
|---|---|---|
| (1) 카드 | | |
| (2) 카드 | | |
| (3) 카드 | | |
| (4) 카드 | | |

**단어**

| 면세점 | V 시 | 마일리지 | 혜택 |
|---|---|---|---|

 쓰기

올바른 소비 생활에 대한 자신의 생각을 써 보십시오.

◎ 여러분의 소비 습관은 어떻습니까?

◎ 올바른 소비 습관을 기르기 위해 어떤 노력을 해야 합니까?

**①** 도입

**②** 전개

**③** 마무리

# memo

**14**

LESSON

# 한국인의 통과 의례

**학습 목표**
- 한국의 통과 의례에 대한 정보를 읽고 내용을 이해할 수 있다.
- 고향의 특별한 의식이나 풍습을 소개할 수 있다.

**문 법**
V-은/ㄴ 채(로)

사람이 성장하는 과정에서 겪는 일은 무엇이 있습니까?

# 본문

정 우: 라이언 씨, 오늘 저녁에 시간 있어요? 친구랑 함 팔러 가는데 같이 갈래요?

라이언: 글쎄요. 내일 시험이 있어서… 그런데 함이 뭐예요?

정 우: 함은 한국의 결혼 풍습과 관련이 있어요. 결혼식을 하기 전에 신랑의 집에서 신부의 집에 보내는 나무상자를 함이라고 해요. 이 함 속에는 혼서와 채단 그리고 오방주머니 등이 들어 있어요. 혼서는 결혼을 허락해 준 것에 감사한다는 말을 적은 편지예요. 그리고 채단은 남자와 여자를 상징하는 비단 옷감이에요. 오방주머니는 결혼하는 두 사람의 행복을 바라는 마음을 주머니에 담은 상징적인 물건이에요.

라이언: 그렇구나. 신랑 집에서 신부 집까지 함은 누가 가지고 가요?

정 우: 신랑 집에서부터 신부 집까지 함을 가지고 가는 사람을 함진아비라고 해요. 요즘은 신랑 친구들이 많이 하는데, 이 함진아비는 얼굴에 오징어를 쓴 채로 함을 메고 가요.

라이언: 그렇군요. 그런데 왜 함을 주지 않고 판다고 해요?

정 우: 옛날부터 한국에서는 신부 집에서 이 함진아비에게 맛있는 음식을 대접하고 돈도 챙겨 주는 풍습이 있었어요. 이렇게 음식과 돈을 받는다고 해서 '함을 판다'고 해요.

라이언: 그럼 돈은 왜 받아요?

정 우: 아, 그 돈은 신랑이나 신부가 아는 사람들을 초대해서 술과 음식을 나누어 먹기 위해서 받는 거예요. 그러니까 함진아비가 가지기 위해서 돈을 받는 것은 아니지요.

라이언: 그렇군요. 정우 씨 덕분에 새로운 한국 풍습을 알게 됐어요. 내일 비록 시험이 있지만 같이 가서 구경하고 싶어요.

| 함 | 풍습 | 혼서 | 채단 | 오방주머니 |
| 비단 | 옷감 | 상징하다 | 함진아비 | 대접하다 |

# 어휘와 표현

| 관혼상제 | 관례(성인식) | 혼례 | 예물 |
|---|---|---|---|
| 장례 | 조문 | 제례 | 제사를 지내다 |

## 1 N롭다

| 새롭다 | 자유롭다 | 평화롭다 | 지혜롭다 | 해롭다 |
|---|---|---|---|---|
| 신비롭다 | 명예롭다 | 한가롭다 | 외롭다 | 향기롭다 |

가 : 어머, 누가 교실에 꽃을 가져다 놓았네?

나 : 응, 정말 향기롭지?

가 : 어제 그 일은 어떻게 되었어요?

나 : 어머니께서 해결해 주셨어요. 어머니들은 참 지혜로운 것 같아요.

## 2 관련(이) 있다[없다]

가 : 담배와 건강은 관련이 있어요?

나 : 네, 관련이 있어요. 담배를 많이 피우면 건강이 나빠져요.

가 : 한국어 실력과 중국어 실력은 관련이 있어요?

나 : 네, 조금 있어요. / 아니요, 없어요.

## 문법

**① V-은/ㄴ 채(로)**

가 : 어제 책상에 앉은 채 잠이 들었어요.

나 : 많이 피곤했나 보네요.


가 : 목소리가 이상하네요. 감기 걸렸어요?

나 : 네, 어제 선풍기를 켠 채로 자서 감기에 걸린 것 같아요.


가 : 어젯밤에 식당에 불이 났었다면서요?

나 : 네, 사람들이 너무 놀라서 신발도 못 신은 채 뛰어 나왔어요.

# 말하기

**1** 사람들이 일생동안 거치는 통과 의례에는 크게 무엇 무엇이 있습니까? 함께 이야기해 봅시다.

❶ 한국인 : 출생, 백일, 돌, 입학, 졸업, 취업, 결혼, 출산, 상례, 제례

--------------------------------------------------

--------------------------------------------------

--------------------------------------------------

❷ 여러분 나라, 혹은 여러분이 생각하는 인간의 통과 의례는 무엇입니까?

--------------------------------------------------

--------------------------------------------------

--------------------------------------------------

**2** 여러분 나라에는 관혼상제에 관한 어떤 특별한 의식이나 풍습이 있습니까? 소개해 봅시다.

| | 나라 ( ) | 나라 ( ) |
|---|---|---|
| 성인식 | | |
| 결혼 | | |
| 장례식 | | |
| 제사 | | |

117

 쓰기

한국의 통과 의례처럼 여러분 나라의 특별한 날이나 행사에 대해 써 보십시오.

◎ 그 날은 무슨 날입니까?

◎ 그 날에 특별히 하는 일은 무엇입니까?

❶ 도입

❷ 전개

❸ 마무리

# memo

# 15
## LESSON

# 의사소통

**학습 목표**
- 한국어로 부드럽게 의사소통할 수 있다.
- 원만한 인간관계를 위한 의사소통 방법에 대해 말할 수 있다.

**문 법**
1. A-은/ㄴ데 말이다　　　V-는데 말이다
   N인데 말이다
2. A-(으)냐에 따라 다르다　　V-느냐에 따라 다르다
   N(이)냐에 따라 다르다

가족이나 주위 사람들을 만나면 주로 어떤 이야기를 합니까?

이야기를 할 때 보통 듣는 편입니까 아니면 말을 하는 편입니까?

# 본문

통신의 발달로 현대인은 다양한 방법으로 의사소통을 할 수 있게 되었다. 사람들이 과거에는 먼 거리에 있는 사람과 의사소통을 하기 위해서는 말(馬)이나 비둘기를 사용해야 했지만 현대사회에는 텔레비전이나 인터넷과 같은 매체를 사용하여 누구나 쉽고 빠르게 의사소통을 할 수 있다. 사람들 사이의 의사소통은 직접 이루어질 수도 있고 다른 매체를 이용해 간접적으로 이루어질 수도 있다. 현대사회의 의사소통은 라디오, 텔레비전, 인터넷과 같은 통신 과학 기술의 발달에 바탕을 두고 더욱 활발하게 이루어지고 있다. 그리고 미래에는 의사소통 방법이 더욱 다양해질 것이다.

준코: 요즘 사람들에게 없어서는 안 될 물건이 있는데 그게 뭔지 아니?

지영: 글쎄, 어떤 물건이 가장 중요할까?

준코: 현대인이면 누구나 가지고 다니는 물건이야.

지영: 그게 뭔데?

준코: 바로 스마트폰이지. 스마트폰 없이 외출하면 불안함을 느끼고 실제로 없는 사람이 없을 정도니까.

지영: 요즘 사람들이 스마트폰을 많이 사용하기는 하지. 그런데, 그게 이상해?

준코: 친구와 중요한 이야기를 하는 중간에도 SNS를 확인하고 힘든 일이 생기면 인터넷 공간에서 고충을 이야기하잖아. 주위에 친구들이 있는데 말이야.

지영: 응, 가끔은 나도 그렇게 해. 글로 내 생각을 전달하는 방법이 좋더라고. 또 다양한 사람들과 인터넷 공간에서 만날 수 있으니까.

준코: 들고 보니 너의 말에도 일리가 있네. 네 SNS를 보면 많은 친구들이 글을 남기고 오랫동안 연락을 하고 지내는 친구가 있던데 그렇게 인간관계를 원만하게 유지할 수 있는 비결이 뭐야?

지영: 누구와 이야기하느냐에 따라 조금씩 다르지만 상대방의 이야기를 잘 들어주는 편이야. 그 사람의 이야기를 들으면서 맞장구도 쳐주고. 또 진심으로 대하고 자주 대화를 하는 것도 좋은 인간관계를 유지할 수 있는 좋은 방법인 것 같아.

준코: 요즘은 가족 사이에도 친구 사이에도 의사소통의 기회가 부족한 것 같아. 특히 스마트폰이 보급된 후에는 더욱 심해진 것 같아.

지영: 맞아. 스마트폰이 편리하긴 하지만 부정적 영향도 있는 게 틀림없어.

| 비둘기 | 매체 | 스마트폰 | 고충 | 인터넷 공간 | 인간관계 |
|--------|------|----------|------|-------------|----------|
| 원만하다 | 유지하다 | 맞장구치다 | 진심 | 보급되다 | 편리하다 |

# 어휘와 표현

| 의사소통 | 언어 | 비언어 | 공감 |
|---|---|---|---|
| 갈등 | 관심사 | 사회성 | |

**1** N에(도) 일리가 있다

가 : 아르바이트를 하면 용돈은 벌 수 있지만 피곤해서 공부할 수가 없어.

나 : 그래, 네 말에 일리가 있네. 다시 생각해 봐야겠어.

가 : 어린 아이의 말에도 일리가 있어요.

나 : 맞아요. 아이의 말이라고 무시해서는 안 된다니까요.

**2** A-은/ㄴ 게 틀림없다    V-는 게 틀림없다
N인 게 틀림없다(N임에 틀림없다)

가 : 영화표가 벌써 매진된 걸 보니 이 영화는 재미있는 게 틀림없어요.

나 : 그럼 우리 좀 더 기다리더라도 이 영화 꼭 봐요.

가 : 매일 밤늦게까지 불이 켜져 있는 걸 보면 엥크 씨는 열심히 공부하는 게 틀림없어요.

나 : 이번 시험에 또 1등 하겠네요.

**① A-은/ㄴ데 말이다    V-는데 말이다    N인데 말이다**

가 : 엄마가 밥 먹으라고 전화하셨어. 밥 먹었는데 말이야.

나 : 어머니는 네가 걱정되어 그러시는 거야.


가 : 여자 친구가 자꾸 머리를 자르겠다고 해. 긴 머리가 예쁜데 말이야.

나 : 그럼 여자 친구한테 머리 자르지 말라고 해 봐.


가 : 부모님은 아직도 전화하면 잔소리만 하셔. 난 이제 성인인데 말이야.

나 : 네가 부모가 되어도 넌 부모님한테는 자식일 뿐이야.


**② A-(으)냐에 따라 다르다**
**V-느냐에 따라 다르다**
**N(이)냐에 따라 다르다**

가 : 이사를 하는데 비용이 얼마나 들어요?

나 : 짐이 얼마나 많으냐에 따라 달라요.


가 : 율리아 씨는 여름에 보통 어떤 옷을 입어요?

나 : 저는 어디에 가느냐에 따라 옷차림이 달라져요.


가 : 호앙 씨가 부른 노래라면서요?

나 : 네, 이 노래는 누가 부르느냐에 따라서 느낌이 많이 다른 것 같아요.


가 : 이 아파트는 모두 가격이 같아요?

나 : 그렇지 않아요. 몇 층이냐에 따라 가격이 다르지요.

# 말하기

 **다음의 표현을 배워봅시다.**

| | | |
|---|---|---|
| 칭찬하고 칭찬에 대답하기 | 감사 표시할 때 | • 고마워요 |
| | 겸손하게 이야기할 때 | • −긴요: 예쁘긴요./ 잘하긴요.<br>• 별로~: 별로 안 비싼 옷인데… |
| | 상대방을 칭찬할 때 | • −씨가 더 −(으)ㄴ/는데요<br>• −씨가 더 −네요<br>　미나 씨가 더 예쁜데요(예쁘네요). |
| 맞장구치기 | 상대방의 의견에 동의할 때 | • 맞아요, 맞아요<br>• 그러게 말이에요 / 그러게요<br>• 내 말이 그 말이에요 |
| | 상대방의 말을 듣고 새로운 사실을 알았을 때 | • 그래요?<br>• 아, 네. 그렇군요.<br>• 그럴 수도 있겠네요.<br>• 하긴 |
| | 상대방의 의견에 감탄할 때 | • 아…… 아……<br>• 역시 |
| | 상대방의 말을 비슷하게 따라하면서 맞장구칠 때 | • −겠어요<br>• −겠네요<br>• −겠군요 |

※ 하긴: 상대방의 말을 듣고 자신의 생각을 바꾸게 되었을 때 사용한다.
　　역시: 상대방의 말을 듣고 원래 내가 가지고 있던 생각이 맞다고 확인할 때 사용한다.

| | | |
|---|---|---|
| 화제 전환하기 | 부드럽게 이야기를 전환할 때 | • 그렇군요, 그런데~/ 그렇구나, 그런데~<br>• 그렇긴 그런데~/ 그렇긴 한데~ |
| | 직접적으로 이야기를 전환할 때 | • 어쨌든~<br>• 그건 그렇고~<br>• 잠깐만요 |

※ 직접적으로 이야기를 전환하는 표현인 '어쨌든, 그건 그렇고, 잠깐만요'는 다른 사람의 기분을 상하게 할 수 있으므로 주의해서 사용해야 한다. 화제를 전환할 때는 말하는 사람의 이야기에 동의하거나 맞장구를 친 후, 조심스럽게 화제를 전환하는 것이 좋다.

 **위의 표현을 사용하여 친구와 이야기해 보십시오.**

❶ 친구와 서로 칭찬하고 칭찬에 대답해 보세요.
❷ 친구의 말에 맞장구쳐 보세요.
❸ 친구가 이야기하고 있을 때 부드럽게 다른 이야기로 전환해 보세요.

 **쓰기**

의사소통에 대한 자신의 생각을 써 보십시오.

◎ 의사소통 방식이 어떻게 다양해졌습니까?

◎ 변화하는 의사소통 현상에 대해 어떻게 생각합니까?

❶ 도입

❷ 전개

❸ 마무리

# memo

16
LESSON

# 외모 지상주의

학습 목표
• 외모 지상주의에 대한 자신의 의견을 말할 수 있다.
• 성형 수술에 대해 찬성과 반대의 의견을 말할 수 있다.

문　　법
1. A/V-다가는
2. 아무리 N(이)라도

첫 만남에서 다른 사람을 판단할 때 무엇을 중요하게 생각합니까?

여러분은 외모를 가꾸는데 관심이 많습니까?
만약 외모를 가꾸는데 관심이 많다면 어떤 노력을 하고 있습니까?

129

# 본문

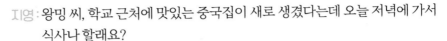

지영 : 왕밍 씨, 학교 근처에 맛있는 중국집이 새로 생겼다는데 오늘 저녁에 가서 식사나 할래요?

왕밍 : 전 안 갈래요. 요즘 체중을 줄이려고 저녁은 안 먹고 있거든요.

지영 : 왕밍 씨가 무슨 다이어트예요? 지금도 날씬한데. 그렇게 저녁을 굶다가는 쓰러질 거예요.

왕밍 : 그건 지영 씨가 몰라서 하는 말이에요. 지난주에 옷을 사러 갔다가 맞는 옷이 없어서 그냥 돌아왔어요. 게다가 친한 친구마저 뚱뚱하다고 놀려요.

지영 : 말도 안 돼요. 왕밍 씨가 뚱뚱한 게 아니고 요즘 사람들이 너무 마른 거예요. 요즘 옷을 사러 가면 큰 사이즈의 옷은 나오지도 않는다고 하더라고요. 정말 문제예요.

왕밍 : 그러게 말이에요. 날씬한 사람도 다이어트를 하겠다고 하잖아요. 그런데 사회적으로 '외모가 가장 큰 경쟁력이다' 라는 생각이 지배적이니 어떻게 하겠어요? 이제 취업도 해야 하고 면접도 봐야 하는데 외모를 무시할 수는 없잖아요. 이번 기회에 살을 빼서 자신감도 회복하고 취업도 준비하려고요.

지영 : 요즘은 남녀노소 할 것 없이 외모에 신경을 많이 쓰지요. 그래도 왕밍 씨가 성형 수술을 하겠다고 하지 않아서 다행이네요. 취업을 앞두고 공부는 뒷전이고 먼저 성형외과로 달려가는 사람도 많다고 하잖아요.

왕밍 : 아무리 성적이 좋은 장학생이라도 외모가 뒷받침되지 않으면 취업하기 어렵대요. 그 말을 듣고 성형 수술 비용을 마련하기 위해서 아르바이트까지 했어요. 결국 수술은 안했지만.

지영 : 정말이에요? 그런데 왜 포기하신 거예요?

왕밍 : 포기한 게 아니고 잠시 미룬 거예요. 부작용도 걱정이 되니까요.

지영 : 왕밍 씨는 지금도 충분히 멋있어요. 진짜 멋은 겉에서 나오는 게 아니고 안에서 나오는 거라고 생각해요.

왕밍 : 그렇게 말해 줘서 고마워요. 성형 수술에 대해서 다시 한번 생각해 볼게요.

| | | | |
|---|---|---|---|
| 굶다 | 쓰러지다 | 미루다 | 지배적 |
| 자신감 | 회복하다 | 앞두다 | 뒷받침되다 |
| 마련하다 | | | |

# 어휘와 표현

| 외모 지상주의 | 거식증 | 평가하다 | 취업 성형 | 손해를 보다 |
|---|---|---|---|---|

## 1 말도 안 돼(요)

가 : 정우 씨와 지영 씨가 결혼을 한대요.

나 : 말도 안 돼요. 이제 만난 지 일주일밖에 안 되었는데, 결혼을 한다고요?

가 : 통장에 돈이 하나도 없어요.

나 : 말도 안 돼요. 지난주에 월급을 받았잖아요.

## 2 그러게 말이에요(그러게 말이야)

가 : 날씨가 갑자기 쌀쌀해졌네요.

나 : 그러게 말이에요. 며칠 전만 해도 더웠는데⋯⋯

가 : 저 두 사람 서로 닮았지요?

나 : 그러게 말이에요. 처음 보는 사람들은 형제인 줄 알겠어요.

## 3 N은/는 뒷전이다

가 : 이번 학기에도 또 유급을 할 것 같아. 어떡하지?

나 : 공부는 뒷전이고 매일 컴퓨터 게임만 했으니까 그렇지.

가 : 무슨 걱정이 있으세요?

나 : 우리 애가 나이가 많은데도 결혼은 뒷전이고 일만 하려고 해서 걱정이에요.

## 1  A/V-다가는

가 : 너무 늦었어요. 서둘러 가야겠어요.

나 : 그래도 천천히 가세요. 과속 운전하다가는 교통사고가 날지도 몰라요.

가 : 날씨가 계속 춥네요?

나 : 이렇게 날씨가 계속 춥다가는 감기 환자가 늘 거예요.

가 : 요즘 경제가 너무 안 좋네요.

나 : 이렇게 계속 경제가 안 좋다가는 취직하기가 더 힘들어질지도 몰라요.

## 2  아무리 N(이)라도

가 : 지영 씨처럼 완벽한 사람이 큰 실수를 했다면서요?

나 : 아무리 완벽한 사람이라도 실수를 하기 마련이에요.

가 : 한국 사람인데 김치를 못 먹어요?

나 : 아무리 한국 사람이라도 모두 다 김치를 잘 먹는 건 아니에요.

가 : 호앙 씨처럼 착한 사람이 그렇게 화를 내는 걸 처음 봤어요.

나 : 아무리 착한 사람이라도 그런 말을 들으면 참을 수 없을 거예요.

# 말하기

**1** 친구와 같이 외모 지상주의에 대해서 말해 봅시다.

❶ 외모 지상주의가 왜 생긴 것 같습니까?

--------------------------------

--------------------------------

❷ 고향에 외모와 관련이 있는 관용 표현이나 속담, 유명한 말이 있습니까?

--------------------------------

--------------------------------

**2** 친구와 같이 말해 봅시다.

| ① 최근 성형 수술이나 외모 관련된 사업 부분에서 경제적인 호황을 보이고 있습니다. 그 이유는 무엇이라고 생각합니까? | ◎ 사회가 사람을 외모로만 평가한다. ◎ ◎ ◎ |
|---|---|
| ② 취업을 위해 성형 수술을 하는 것과 외모를 가꾸는 것에 대해서 어떻게 생각합니까? | (찬성) ◎ ◎ (반대) ⊗ ⊗ |

 쓰기

'외모 지상주의'에 대한 자신의 생각을 써 보십시오.

◎ 성형수술을 찬성합니까? 반대합니까?

◎ 그 이유는 무엇입니까?

◎ 외모가 성공에 영향을 미친다고 생각합니까?

❶ 도입

❷ 전개

❷ 마무리

# memo

17
LESSON

# 광 고

**학습 목표**
- 광고의 문제점에 대해 이해할 수 있다.
- 현명한 소비에 대한 자신의 의견을 말할 수 있다.

**문 법**
1. V-다 보니(까)
2. 어찌나 A-은/ㄴ지   어찌나 V-는지

일상생활에서 자주 보게 되는 광고는 무엇입니까?

기억에 남는 광고는 무엇입니까 그리고 그 이유는 무엇입니까?

137

# 본문

엥크 : 우리 배고픈데 피자 시켜 먹을까요?

호앙 : 그럴까요? 피자 잘하는 집 알아요?

준코 : 요즘 TV 광고에 나오는 '새우와 치즈가 만났네' 피자를 시켜 먹는 게 어때요? 광고를 보니까 어찌나 맛있어 보이는지 먹어 보고 싶었어요.

호앙 : 얼마 전에 그 피자를 먹었는데 별로 맛이 없었어요. 광고와는 달리 새우도 별로 없고 크기도 작더라고요.

준코 : 광고 속 사진이나 내용이 실제와는 다른 경우가 많은 것 같아요. 저도 인터넷 쇼핑몰에서 물건을 샀는데 배달된 물건이 사진과 달라서 실망한 적이 있어요.

호앙 : 요즘 광고 중에는 허위 광고가 많아요. '일단 물건을 팔고 보자'는 심리가 강한 거죠. 그리고 전달하려고 하는 내용을 정확히 전달하는 광고도 극히 드물다고 해요. 판매 경쟁에서 이기기 위해 허위 광고나 과대광고를 하는 수가 많지요.

준코 : 그렇다면 소비자들이 현명하게 판단해야겠군요. 광고만 그대로 믿고 상품을 구입할 게 아니고 좀 더 비판적으로 따져 봐야겠어요.

호앙 : 광고를 자주 접하다 보니까 자신도 모르게 머릿속에 광고가 기억되더라고요. 예를 들면 어떤 샴푸를 사용하면 머릿결이 비단처럼 되고 또 어떤 책으로 공부를 하면 반드시 일등을 하게 된다는 식의 광고들 말이에요. 광고를 보고 있으면 어찌나 그럴듯한지 마치 당장이라도 그 물건을 사야 할 것 같은 생각이 들어요.

준코 : 과대광고나 허위 광고도 따져 보면 공공연한 불법 행위인데 소비자들은 심각하게 생각하지 않는 경우가 많아요.

호앙 : 더욱 심각한 것은 소비를 부추기며 사회에 위화감을 조성하는 광고들이죠. 현재 이들을 규제할 수 있는 광고법이 효과적으로 실행되지 않고 있어서 더욱 문제예요.

엥크 : 맞아요. 공정하고 윤리적인 광고 문화를 조성하기 위해서는 소비자 스스로 자율적으로 규제할 수 있어야 한다고 생각해요.

| 쇼핑몰 | 전달하다 | 극히 | 드물다 | 접하다 | 소비자 |
|---|---|---|---|---|---|
| 구입하다 | 따져 보다 | 샴푸 | 머릿결 | 당장 | 공공연하다 |
| 불법 행위 | 위화감 | 조성하다 | 윤리적 | 자율적 | |

# 어휘와 표현

| 허위 광고 | 과대광고 | 공익 광고 | 눈을 속이다 | 소비를 부추기다 |

## 1 V-는 수가 있다[많다]

가 : 아이스크림을 5개나 먹어서 배가 아픈 것 같아요.

나 : 찬 음식을 그렇게 많이 먹으면 배탈이 나는 수가 있어요.


가 : 시험에서 아는 문제도 제대로 못 썼어요.

나 : 너무 긴장하다 보면 실수하는 수가 있어요.


가 : 월요일에는 지각하는 사람이 많아요.

나 : 월요일에는 특히 길이 막히는 수가 많아서 그런 것 같아요.

 문법

**1** V-다 보니(까)

가 : 왜 이렇게 살이 쪘어요?

나 : 밤마다 야식을 먹다 보니까 살이 쪘어요.

가 : 어떻게 한국어 듣기 실력이 그렇게 늘었어요?

나 : 한국 드라마를 보다 보니까 듣기 실력이 좋아졌어요.

가 : 병원에 입원했다면서요?

나 : 네, 매일 술을 마셔 대다 보니 병이 난 것 같아요.

가 : 정말 모르는 게 없으시네요!

나 : 뭘요. 그냥 책을 꾸준히 읽다 보니 많이 알게 됐어요.

**2** 어찌나 A-은/ㄴ지    어찌나 V-는지

가 : 어제 면접시험은 잘 봤어?

나 : 어찌나 떨리는지 내 이름도 제대로 말 못했어.

가 : 김 선생님은 정말 성격이 깔끔한 것 같아요.

나 : 책상이 어찌나 깨끗한지 아무도 사용하지 않은 것처럼 보여요.

가 : 여의도 벚꽃 구경 간다더니 어땠어요?

나 : 어찌나 사람이 많은지 꽃은 구경도 못하고 사람 머리만 보다 왔어요.

가 : 진짜 호앙 씨가 그렇게 요리를 잘 해요?

나 : 호앙 씨가 한 요리가 어찌나 맛있는지 둘이 먹다가 하나가 죽어도 모를 정도예요.

# 말하기

 **1** 다음 광고 문구를 보고 어떤 광고 문구로 사용하면 좋을지 이야기해 보십시오.

❶ 마음에 찬 바람이 불 때

❷ 너희들 정말 이렇게밖에 못 찾아?

❸ 사람과 사람,
그리고 행복한 커뮤니케이션

❹ 부드러운 말 한 마디
부드러운 술 한 잔
모두 친구가 된다.

❺ 새해에는
웃음으로 사세요. 희망으로 사세요.
그리고 모두 행복하게 사세요.
그리고 **로 사세요.

| 단어 | | |
|---|---|---|
| 검색 사이트 광고 | 주류 광고 | 이동통신사 광고 |
| 신용카드 광고 | 커피 음료 광고 | |

 위의 광고에 본인이 생각하는 더 좋은 광고 문구를 이야기해 보십시오.

# 쓰기

 다음 제품의 광고를 직접 만들어 보십시오.

| 제품명 | 날씬 우유 | 제품 특징 |
|--------|-----------|-----------|
| 제조 회사 | 경기식품 | ◎ 우유에 지방을 빼서 칼로리가 낮다. |
| 가격 | 2,500원 | ◎ 비타민을 더 넣었다. |
| | | ◎ 저온에서 만들어 맛이 다르다. |

위의 제품을 어떻게 광고할지 다음을 먼저 생각해 보고 광고를 만들어 보십시오.

❶ 광고 모델

_____

_____

_____

_____

❷ 광고 문구

_____

_____

_____

_____

❸ 광고 방법

_____

_____

_____

_____

# memo

# 18

**LESSON**

# 교 육

| 학습 목표 | • 한국의 교육 정책과 현황에 대해서 이해할 수 있다. |
| :-: | :-- |
| | • 한국의 교육 정책과 현황에 대한 생각을 말할 수 있다. |
| 문　법 | 1. A/V-아/어 봤자 |
| | 2. V-(으)려고만 들다 |

여러분 나라의 대학교 입학시험 제도는 어떻습니까?

기억에 남는 학교 제도나 선생님의 교육 방법이 있습니까?

145

# 본문

현지 엄마: 어제 뉴스를 보니 한 고등학생이 아파트에서 떨어져 스스로 목숨을 끊었다는군요.

수빈 엄마: 한창 배우고 미래를 꿈꿀 나이에 죽음을 선택했다니 안타까운 소식이네요.

현지 엄마: 학생이 성적을 비관하여 죽음을 선택했다는 것은 학교나 사회가 교육의 역할을 다하지 못했다는 게 아니겠어요?

수빈 엄마: 아닌 게 아니라 요즘 아이들을 보면 참 힘들어 보여요. 새벽부터 저녁까지 학교에서 공부하고 방과 후에는 과외를 하거나 학원에서 공부를 하니까요.

현지 엄마: 우리 큰애는 초등학생인데도 과외 받고 영어 학원도 다니느라고 9시가 넘어서 집에 들어와요. 정부의 교육 정책이 잘못된 것 같아요.

수빈 엄마: 정부의 교육 정책도 문제지만 부모들도 문제예요. 너나 할 것 없이 좋은 대학에 보내려고만 들기 때문에 문제가 더욱 심각해지는 거지요.

현지 엄마: 그렇다고 부모들만 비난할 수는 없어요. 부모들은 학력의 사회경제적 가치를 경험했기 때문에 그것이 그릇된 일임을 알면서도 사교육을 하는 거잖아요. 얼마 전 한 기관에서 한국의 30대 성인 남녀를 대상으로 만약 과거로 돌아갈 수 있다면 언제로 되돌아가고 싶은지를 조사했대요. 그랬더니 응답자의 70%가 10대로 되돌아가고 싶다고 했다는군요. 그 이유는 다시 열심히 공부해서 좋은 대학교에 가고 싶기 때문이래요. 이것만 봐도 우리 사회에서 학력의 중요성이 얼마나 큰지 알 수 있어요. 한국 사람들은 학력이 높을수록 사회적 능력도 뛰어날 것이라고 생각하는 것 같아요.

수빈 엄마: 그건 그래요. 그런데 힘들게 공부시켜 놓고 그 인력들을 사회에서 제대로 활용하지 못하는 것도 문제예요. 대학을 졸업해 봤자 취업은 바늘구멍 뚫기만큼 어려운 게 현실이잖아요. 게다가 요즈음 언론에 보도되는 고학력 실업자 문제는 정말 심각한 정도예요. 이런 현상이 바로 교육 과열로 인한 부작용이 아니겠어요?

현지 엄마: 쉽게 해결될 문제는 아니지만 이제부터라도 우리 모두가 개선하고자 노력하면 우리나라의 미래도 그리 부정적이지만은 않을 거예요.

| 미래를 꿈꾸다 | 비관하다 | 방과 | 과외 | 학원 |
|---|---|---|---|---|
| 정책 | 비난하다 | 그릇되다 | 되돌아가다 | 인력 |
| 과열 | (고)학력 | 언론 | 실업자 | 개선하다 |

# 어휘와 표현

| 공교육 | 사교육 | 입시 | 내신 |
|---|---|---|---|
| 대학 수학 능력 시험 | 열악하다 | 실감하다 | |

**1** 한창

가 : 요즘 우리 동네가 너무 시끄러워요.

나 : 아파트 공사가 한창이거든요.


가 : 요즘 놀이동산에서는 여름 축제가 한창이에요.

나 : 그럼 축제가 끝나기 전에 한번 가 봐야 하겠어요.


가 : 경기 식당에 점심 식사를 예약했나요?

나 : 점심시간은 한창 바쁠 때라서 자리를 예약할 수 없다고 해요.


**2** (낙타가) 바늘구멍 지나가기　바늘구멍 뚫기

가 : 대학을 졸업하고도 취직하지 못한 사람이 정말 많아요.

나 : 요즘 취업은 낙타가 바늘구멍 지나가는 것처럼 어렵다고 하잖아요.


가 : 경기대학교 관광학부가 그렇게 인기가 많다면서요?

나 : 네, 합격하기가 마치 바늘구멍 뚫기와 같대요.

 문법

**1** A/V-아/어 봤자

가 : 택시를 타면 11시까지 공항에 도착할 수 있을까요?

나 : 지금 출발해 봤자 11시까지는 갈 수 없어요.

가 : 헤어진 여자 친구에게서 전화가 왔으면 좋겠어요. 헤어진 걸 후회하고 있거든요.

나 : 전화를 기다려 봤자 소용없어요. 여자 친구는 전화하지 않을 거예요.

가 : 이번 1급 시험 문제가 너무 어려워서 학생들이 불만이 많다고 해요.

나 : 1급 시험 문제가 어려워 봤자 얼마나 어렵겠어요? 공부를 안 해서 그럴 거예요.

가 : 기숙사 식당 밥이 정말 맛있다고 소문이 나 있던데 사실이에요?

나 : 기숙사 식당 밥이 맛있어 봤자 얼마나 맛있겠어요? 식당 밥은 다 비슷한 것 같아요.

**2** V-(으)려고만 들다

가 : 남편은 집에 오면 누우려고만 들어요.

나 : 우리 남편도 그래요. 결혼 전에는 이런 줄 몰랐어요.

가 : 우리 아이는 공부는 안하고 게임을 하려고만 들어요.

나 : 우리 아이도 그래요. 정말 걱정이에요.

가 : 여자 친구가 내 말은 안 듣고 무조건 싸우려고만 들어요.

나 : 그러니까 평소에 좀 잘하지 그랬어.

## 말하기

 **1** 다음 주제에 대해 긍정적인 면과 부정적인 면을 친구와 이야기해 보십시오.

**❶** 방과 후 자율 학습을 하는 것

| 긍정적인 면 | 부정적인 면 |
| --- | --- |
| ① | ① |
| ② | ② |
| ③ | ③ |

**❷** 중/고등학생 때 교복을 입는 것

| 긍정적인 면 | 부정적인 면 |
| --- | --- |
| ① | ① |
| ② | ② |
| ③ | ③ |

**❸** 남자 학교와 여자 학교로 나누어 공부하는 것

| 긍정적인 면 | 부정적인 면 |
| --- | --- |
| ① | ① |
| ② | ② |
| ③ | ③ |

 쓰기

다음 주제 중 하나를 선택해 찬성 또는 반대의 의견을 쓰십시오.

◎ 방과 후 자율 학습을 하는 것

◎ 중/고등학생 때 교복을 입는 것

◎ 남자 학교와 여자 학교로 나누어 공부하는 것

❶ 도입

❷ 전개

❸ 마무리

# memo

**19**

LESSON

# 환경보호

| 학습 목표 | • 환경 오염의 심각성을 알고 말할 수 있다.<br>• 환경 오염의 문제점을 이야기하고 설득력 있게 대책을 이야기할 수 있다. |
| --- | --- |
| 문　　법 | 1. V-은/ㄴ 끝에　　　　　N 끝에<br>2. A-은/ㄴ 데(에) 반해　　V-는 데(에) 반해 |

환경 오염의 원인은 무엇입니까?

세계 기후가 변하는 원인은 무엇입니까?

# 본문

21세기에 들어와서 지구는 극심한 몸살을 앓게 되었다. 산업이 발달함에 따라 삶의 생활 수준은 높아진 데에 반해 우리의 환경은 더욱 나빠지고 있기 때문이다. 사람들은 지구의 온난화를 걱정하면서도 어떤 물질이 지구 온난화를 가속 시키는지도 모르고 있고, 별 생각 없이 일회용품을 사용하고 있다. 환경을 보호하고 지구를 살리는 일은 우리의 미래를 결정짓는 중요한 문제이다. 더 이상의 환경오염을 막고 인간과 지구가 공존할 수 있는 방법을 찾아봐야 할 때다.

지영 : 이제 쓰레기를 버릴 때 종류별로 분리해서 버리는 것은 당연한 일이 됐어요.

정우 : 맞아요. 국민들이 노력한 끝에 정착이 된 것 같아요.

지영 : 환경 보호를 위해서는 우리가 당연히 해야 할 일인데, 알면서도 마지못해 할 때가 더 많으니 부끄럽기도 해요.

정우 : 분리수거뿐만 아니라 일상생활에서 물건을 사고 버릴 때도 편리하다는 이유로 나무젓가락, 종이컵과 같은 일회용 그릇을 자주 사서 쓰게 되고, 또 물건을 넣을 때도 장바구니 대신 비닐봉지를 더 많이 사용하곤 해요.

지영 : 저도 그래요. 책에서 보니까 캔은 썩는데 5백년이 걸리고, 비닐봉지나 유리는 백 년이 지나도 썩지 않는다고 하더라고요.

정우 : 그 말이 사실이라면 저는 다시는 비닐봉지를 사용할 수 없을 것 같네요.

지영 : 네. 그렇지만 가만히 살펴보면 우리가 몰라서 실천을 못 하는 것이 아니라 알면서도 실천을 하지 않아서 환경을 오염시키고 있다는 생각도 들어요.

정우 : 환경 문제는 우리의 생명과도 관련이 깊은 문제이기 때문에 모두가 관심을 가지고 있긴 한데 실천하기가 어렵다는 것이 문제지요.

지영 : 맞아요. 그러니까 우리도 이제 마지못해 환경을 보호한다는 생각을 버리고 좀 더 적극적으로 환경 보호를 위해 힘써야 하지 않을까요?

정우 : 네, 우리의 손으로 우리의 지구를 지켜야지요!

| 지구 | 극심하다 | 산업 | 수준 | 환경 | 물질 |
| 가속화 | 보호하다 | 공존하다 | 분리하다 | 정착 | 수거하다 |
| 일회용 | 비닐봉지 | 캔 | 생명 | 적극적 | |

# 어휘와 표현

| 대기 오염 | 토양 오염 | 수질 오염 | 지구 온난화 | 생태계 |
|---|---|---|---|---|
| 파괴하다 | 재활용(품) | 배출하다 | 장바구니 | |

**1** 몸살을 앓다

가 : 어제 왜 학교에 안 왔어요?

나 : 주말에 감기몸살을 앓았어요.

가 : 해마다 여름이 되면 관광지는 여행객들이 버린 쓰레기들로 몸살을 앓고 있어요.

나 : 우리의 지구를 우리가 지켜야 하는데 말이죠.

**2** N별(로)

가 : 이번 문화수업을 어디로 가나요?

나 : 급별로 달라요. 그런데 우리 4급은 아직 결정되지 않았어요.

가 : 어제 텔레비전에 나온 그 여배우의 옷장을 봤어요?

나 : 네, 옷들이 종류별, 색깔별로 정리되어 있어서 마치 옷가게 같았어요.

**3** 마지못해 V

가 : 오랜만에 일을 하면서 왜 이렇게 기운이 없어?

나 : 하고 싶어서 하는 게 아니라 마지못해 하는 거거든.

가 : 율리아 씨는 원래 술을 안 마시지 않아요?

나 : 친구들이 계속 따라 주니까 마지못해 마셨어요.

 문법

**1** V-은/ㄴ 끝에    N 끝에

가 : 전공 결정했어요?

나 : 오랫동안 고민한 끝에 경영학과에 지원하기로 했어요.


가 : 호앙 씨가 이번에 목표를 이루었다면서요?

나 : 몇 번의 실패를 경험한 끝에 드디어 꿈을 이루었더라고요.


가 : 아무리 고생 끝에 낙이 온다고 하지만 지금은 너무 힘들어.

나 : 그래도 우리 조금만 더 참고 기다려 보자.


**2** A-은/ㄴ 데(에) 반해    V-는 데(에) 반해

가 : 음식 맛이 어때요?

나 : 식당이 유명한 데에 반해 맛은 별로네요.


가 : 지금 물가는 어떻습니까?

나 : 물가는 계속 오르는데 반해 급여는 조금도 오르지 않았습니다.


가 : 엥크 씨는 수학도 잘해요?

나 : 전혀요. 저는 영어는 잘하는 데 반해 수학은 잘 못해요.

## 말하기

**1** 여러분은 환경 문제를 해결하기 위해 얼마나 노력하고 있습니까?
다음 사항을 친구에게 질문해 봅시다.

❶ 여러분은 환경 문제를 해결하기 위해 얼마나 노력하고 있습니까? 다음 사항을 친구에게
질문해 봅시다.

| | 항상<br>(3점) | 자주<br>(2점) | 가끔<br>(1점) | 전혀<br>(0점) |
|---|---|---|---|---|
| 1. 환경 문제에 대해 생각한다. | | | | |
| 2. 종이컵 대신 개인용 컵을 쓴다. | | | | |
| 3. 샴푸 대신 비누로 머리를 감는다. | | | | |
| 4. 이를 닦을 때 컵에 물을 받아 사용한다. | | | | |
| 5. 가까운 거리는 걸어 다닌다. | | | | |
| 6. 이면지를 모아 재활용한다. | | | | |
| 7. 세수하고 난 물에 빨래를 한다. | | | | |
| 8. 시장에 갈 때 장바구니나 쇼핑백을 가지고 간다. | | | | |
| 9. 재활용 쓰레기는 분리해서 버린다. | | | | |
| 10. 여름에도 에어컨 대신 선풍기를 튼다. | | | | |
| 계 | | | | |

❷ 친구의 점수와 자신의 점수를 비교해서 함께 이야기해 봅시다.

| 1<br>내가 먼저 형 | 20점 이상 이러한 유형의 사람은 생활의 편리함보다 환경 보호를 더 중요하게 생각합니다. 늘 생활 속에서 자신이 실천할 수 있는 일들을 찾고자 노력합니다. 이런 사람들이 많을수록 지구가 더 깨끗하고 아름다워지겠지요. |
|---|---|
| 2<br>나만 빼고 형 | 9점 이상 19점 이하 환경 문제가 심각하다는 사실을 알고는 있지만 실천하기 귀찮아하는 스타일입니다. 환경 문제는 많이 알고 있다고 해서 해결되는 것이 아닙니다. 그러니까 조금 귀찮더라도 실천하는 자세를 가져야 합니다. |
| 3<br>나 몰라라 형 | 8점 이하 지구가 어떻게 되든 자신과 별로 상관없다고 생각하는 사람입니다. 환경 문제로 인한 재앙이 먼 미래의 일이라고 생각하기 때문이지요. 하지만 그것은 아무도 예측할 수 없습니다. 그러니까 오늘부터라도 환경에 대해 좀 더 관심을 갖기 바랍니다. |

 쓰기

'환경 오염을 줄이기 위해 우리가 할 일'에 대해 써 보십시오.

| 주제 | 환경 오염을 줄이기 위해 우리가 해야 할 일 |
| --- | --- |
| 서론 | 우리 주변에서 볼 수 있는 환경 오염의 심각성<br>: |
| 본론 | ❶ 환경 오염의 원인<br>　(1) 대기 오염의 원인 :<br><br><br>　(2) 수질 오염의 원인 :<br><br><br>　(3) 토양 오염의 원인 :<br><br><br><br>❷ 우리가 할 수 있는 환경 보호 방법<br>　(1) 대기 오염을 줄이기 위한 방법 :<br><br><br>　(2) 수질 오염을 줄이기 위한 방법 :<br><br><br>　(3) 토양 오염을 줄이기 위한 방법 : |
| 결론 | 환경을 보호하기 위한 우리의 노력<br>: |

# memo

# 20.
## LESSON

# 건강한 삶

- 건강에 관련된 표현을 알고 말할 수 있다.
- 건강을 유지하기 위한 방법에 대해서 말할 수 있다.

1. A/V-더니(만)                V-았/었더니(만)
2. A/V-(으)나 A/V-(으)나      N(이)나 N(이)나

건강을 위해서 하고 있는 운동이 있습니까?

건강을 관리하는 방법에는 어떤 것들이 있습니까?

# 본문

복잡한 현대를 살아가는 현대인들에게 있어서 무병장수의 비결은 바로 잘 자고, 잘 먹으며, 적당히 운동하는 것이라고 전문가들은 말한다. 획기적인 불로장생의 약을 기대한 사람들에게는 실망스러운 소식이지만 간단해 보이는 이 방법은 의외로 실천하기가 쉽지 않다.

호앙 : 엥크, 안색이 좋지 않아 보여요. 무슨 일 있어요?

엥크 : 일이 많아서 거의 한달 동안이나 야근을 했어요. 퇴근 후 집에 가서도 일만 하고 주말에도 쉬지 못했더니 체력이 한계에 달한 것 같아요.

호앙 : 일도 좋지만 쉬면서 해야지요. 그러다가 건강이 나빠지겠어요.

엥크 : 입맛도 없고 밤에 잠도 잘 못자요. 게다가 책상에 앉기만 하면 두통이 생겨요. 약을 먹어도 소용이 없어요.

호앙 : 힘들겠어요. 잘 먹고 잘 자는 게 최고의 명약이라는데 요즘 사람들에게는 그것도 쉽지가 않은 것 같아요. 엥크 씨도 약을 먹는 것보다 운동을 해보는 게 어때요?

엥크 : 매일 하는 게 자신이 없네요. 스포츠 센터에 등록하면 처음 3일 정도만 열심히 하고 결국 포기하고 말아요. 시간도 없고요.

호앙 : 운동에 대한 부담감 때문일 거예요. 스포츠 센터도 좋지만 맨손 체조라도 규칙적으로만 한다면 좋은 효과를 볼 수 있어요. 좀 더 시간이 있다면 매일 이 삼십 분쯤 걷는 것도 좋고요. 저는 비가 오나 눈이 오나 30분 씩 몇 달 동안 꾸준히 걸었더니만 몸이 확실히 좋아진 것을 느낄 수 있었어요. 불면증도 없어졌고 군살도 빠진 것 같아요.

엥크 : 호앙 씨의 건강 비결은 따로 있었군요. 저도 오늘부터 건강을 좀 챙겨야겠어요.

| 무병장수 | 비결 | 획기적 | 불로장생 | 실망스럽다 |
| --- | --- | --- | --- | --- |
| 한계 | 명약 | 부담감 | 맨손 체조 | 규칙적 |
| 꾸준히 | 확실히 | 불면증 | 군살 | |

# 어휘와 표현

| 탄수화물 | 단백질 | 지방 | 영양이 결핍되다 |
| --- | --- | --- | --- |
| 영양을 섭취하다 | 만성 피로 | 체력을 강화하다 | |

**1** N에 달하다

가 : 한국의 인구는 얼마나 되나요?

나 : 한국의 인구는 5000만 명에 달해요.

가 : 이번 홍수 때문에 피해를 많이 입은 것 같아요.

나 : 이번 홍수로 인해 피해 금액이 100억 원에 달한대요.

가 : 드디어 한라산 정상이네요.

나 : 산에 오른 지 3시간 만에 정상에 달했어요.

 문법

**1** A/V-더니(만)
V-았/었더니(만)

엥크 : 호앙 씨가 이번에 일등을 했어요.
준코 : 매일 열심히 공부하더니(만) 결국 일등을 했네요.

엥크 : 지영 씨는 지금 자요?
준코 : 아침에 등산을 다녀오더니(만) 피곤했나 봐요.

엥크 : 잘 잤어요?
지영 : 아침에 등산을 했더니(만) 피곤하더라고요.

엥크 : 오늘 왜 지각했어요?
지영 : 어제 늦게 잤더니만 아침에 일찍 일어나기가 너무 힘들었어요.

**2** A/V-(으)나 A/V-(으)나
N(이)나 N(이)나

가 : 호앙 씨가 준코 씨를 많이 좋아하는 것 같아요.
나 : 맞아요. 호앙 씨는 앉으나 서나 준코 씨만을 생각해요.

가 : 라이언 씨는 정말 성실한 사람인 것 같아요.
나 : 라이언 씨는 비가 오나 눈이 오나 항상 같은 시각에 회사에 도착해요.

가 : 부모님의 사랑은 끝이 없는 것 같아요.
나 : 부모님은 자나 깨나 자식 생각뿐이세요.

# 말하기

친구들과 함께 자신의 스트레스에 대해 이야기하고 조언해 보십시오.

❶ 여러분은 스트레스가 많이 있습니까? 여러분에게 스트레스가 되는 문제는 무엇입니까?

─────────────────────────────

─────────────────────────────

❷ 그 문제 때문에 여러분의 생활은 얼마나 힘들어졌습니까? 어떤 문제들이 생겼습니까?

─────────────────────────────

─────────────────────────────

❸ 스트레스의 원인과 증상, 그리고 해결 방법에 대하여 친구와 같이 이야기해 보십시오.

─────────────────────────────

─────────────────────────────

### 단어

| 우울하다 | 적당한 운동 | 휴식 | 소화불량 |
| --- | --- | --- | --- |
| 규칙적인 식사 | 피로 | 두통 | |

| | |
| --- | --- |
| 원인 | |
| 증상 | |
| 해결 방법 | |

## 쓰기

말한 내용을 바탕으로 자신의 스트레스 해소법에 대해서 써 보십시오.

◎ 스트레스의 원인과 증상은 무엇입니까?

◎ 어떻게 하면 스트레스를 해소할 수 있습니까?

❶ 도입

❷ 전개

❸ 마무리

# memo

21
LESSON

# 미래사회

학습 목표
- 현재와 미래 사회의 모습을 비교해서 말할 수 있다.
- 미래 사회에 대한 생각을 정리해서 글로 표현할 수 있다.

문　법
1. V-고도 남다
2. A/V-기는요　　N(이)기는요

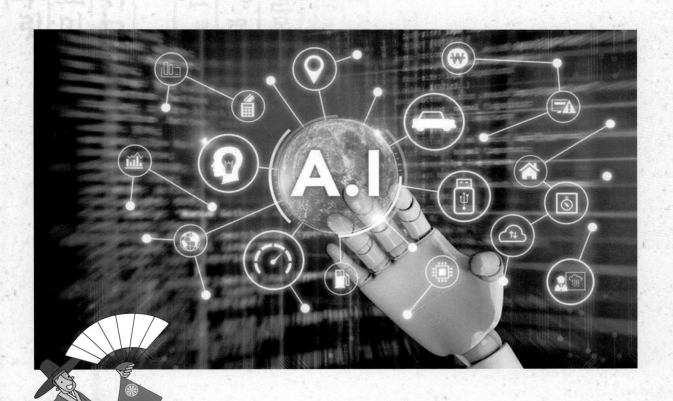

과학의 발전이 인간에게 어떤 영향을 주었습니까?

전에는 생각하지 못했던 일들이 과학의 발전으로 가능하게 된 것에는 무엇이 있습니까?

169

# 본문

아버지 : 학교가 멀어서 힘들지?

딸　　 : 힘들기는요. 학교 앞에 지하철역이 새로 생긴 후로는 많이 편해졌어요. 게다가 이번 학기에는 인터넷 강의를 신청해서 학교 가는 날도 줄었고요.

아버지 : 그것 참 다행이구나. 인터넷 강의를 신청했다고?  인터넷 강의면 인터넷 사용 방법을 배우러 학교에 가야 하는 것 아니냐?

딸　　 : 아버지, 인터넷 강의는 인터넷 사용법을 배우는 수업이 아니라 인터넷으로 수업을 듣는 강의예요. 그러니까 수업을 들으러 학교로 갈 필요가 없어요. 집에서 컴퓨터를 사용해서 인터넷으로 강의를 들으면 되거든요.

아버지 : 그럼 수업은 인터넷으로 듣고 숙제도 인터넷을 사용해서 제출하고?

딸　　 : 네, 인터넷 홈페이지에 과제를 올리거나 교수님께 메일로 제출해요. 다음 주에는 화상으로 일대일 수업을 할 거예요.

아버지 : 세상이 나날이 변하는구나. 이런 속도로 과학 기술이 계속 발전하다 보면 한 15년 후에는 우주선을 타고 달나라 학교에 가고도 남겠다.

딸　　 : 아버지, 우주여행도 멀지 않았는걸요. 복제 양이 만들어지는 첨단 과학 시대잖아요.

아버지 : 하긴 며칠 전 아파트 광고를 보니 이제는 버튼만 누르면 아파트가 스스로 온도를 조절하고 전등도 자동으로 꺼졌다 켜졌다 한다더구나. 집 밖에서 리모컨 하나로 집안일을 처리할 수도 있고.

딸　　 : 그렇게 되면 마음 놓고 밖으로 나갈 수 있겠어요. 그런데 저는 무엇보다 모든 것이 가능한 로봇이 빨리 개발되었으면 좋겠어요. 제가 하기 싫은 일을 로봇한테 시키려고요.

아버지 : 그러면 나는 로봇한테 우리 딸이 숙제도 안 하고 있으면 즉시 전화하라고 시켜야겠는데?

| 인터넷 강의 | 화상 | 일대일 | 우주선 | 달나라 |
| 복제 | 첨단 과학 | 조절하다 | 전등 | 자동 |
| 리모컨 | 나날이 | 개발되다 | 로봇 | 즉시 |

Lesson 21
미래사회

170

# 어휘와 표현

| 인공 지능 | 생명 공학 | 새로운 지평을 열다 |

### ① 마음을 놓다

가 : 요즘 아들과 연락이 안돼요.

나 : 무소식이 희소식이라고 하잖아요. 아무 일 없을 테니까 마음 놓으세요.


가 : 혼자 이사를 어떻게 할까 걱정했는데 친구들이 도와준다고 해서 마음을 놓았어요.

나 : 그럼요. 어려울 때 서로 돕고 살아야지요.

 문법

**① V-고도 남다**

가 : 수업 시작이 10분밖에 안 남았는데 매점에 갈 수 있을까?

나 : 10분이면 충분해. 갔다오고도 남아.

가 : 8명을 초대했다고 하지 않았어요?  이 음식은 20명이 먹고도 남겠는데요.

나 : 제가 손이 좀 커서요.

가 : 친구 생일인데 돈이 3만원밖에 없는데 어떡하지?

나 : 케이크를 사면 돼. 3만원이면 케이크를 사고도 남겠다.

가 : 교실이 너무 좁은데 학생들 10명이 다 들어갈 수 있어요?

나 : 물론이지요. 10명이 들어가고도 남을 거예요.

**② A/V-기는요     N(이)기는요**

가 : 주말에 잘 쉬었어요?

나 : 쉬기는요. 숙제가 너무 많아서 숙제하느라고 하나도 못 쉬었어요.

가 : 한국 문화에 대해서 정말 잘 아시는 것 같아요.

나 : 잘 알기는요. 아직도 잘 몰라서 실수할 때가 더 많아요.

가 : 그 영화배우 정말 예쁘지요?

나 : 예쁘기는요. 소문에 성형 수술한 얼굴이라던데요.

가 : 요리가 취미라면서요?  그럼, 음식 솜씨가 좋겠어요?

나 : 좋긴요. 그냥 혼자 요리책을 보면서 하는 정도인데요.

가 : 이걸 다 알아?  역시 넌 천재구나!

나 : 천재긴요. 그냥 책을 읽다 보니 많이 알게 된 거예요.

# 말하기

  **다음에 대해서 이야기해 보십시오.**

❶ 과학의 발전으로 인간의 생활을 편리하게 만들어 준 것들은 어떤 것이 있습니까?

보기) 컴퓨터, 비행기 등등

❷ 앞으로 30년 후 변화할 것과 변화하지 않을 것을 이야기해 보십시오.

보기) ① 가족 관계　　② 교실 수업　　③ 종이로 만든 사전

④ 직장 생활　　⑤ 식사 방식　　⑥ 인구

⑦ 노화　　⑧ 지폐　　⑨ 컴퓨터

⑩ 자전거　　⑪ 텔레비전　　⑫ 자동차

❸ 여러분은 언제쯤 인간과 같은 능력의 로봇이 개발될 거라고 생각합니까?
불가능하다고 생각한다면 왜 그런지 이야기해 보십시오.

쓰기

과학의 발전이 인류의 과거를 어떻게 변화 시켰고 미래를 어떻게 변화 시킬지에
대해 써 보십시오.

◎ 과학의 발전이 우리의 삶을 어떻게 변화 시켰습니까?

◎ 사회가 앞으로 어떻게 변화할 것 같습니까?(긍정적인 면, 부정적인 면)

❶ 도입

❷ 전개

❷ 마무리

# memo

# 22
## LESSON

# 토끼전

- 토끼전의 내용을 이해하고 정리해서 이야기할 수 있다.
- 토끼전의 장면을 보고 이야기를 구성할 수 있다.

문　　법
1. V-(으)려다가
2. N에 이르다 ('러' 불규칙)
3. V-(으)려야 V-을/ㄹ 수(가) 없다

토끼가 주인공인 이야기를 알고 있습니까?

어떤 이야기입니까?

# 본문

때 : 아주 먼 옛날
곳 : 용궁
등장인물 : 용왕, 신하1, 신하2, 토끼, 별주부(자라)

용궁을 다스리던 용왕은 심각한 병에 걸리게 된다. 그래서 병을 낫게 해 줄 약을 찾았지만 약은 어디에도 없고 용왕의 병은 날이 갈수록 심각해지기만 한다. 그러던 어느 날, 하늘에서 도사가 나타나 용왕의 병에는 토끼 간이 특효약이라고 알려준다. 용왕은 기뻐하며 육지로 나가 토끼를 잡아 올 신하를 찾는다. 여러 신하 중에 별주부가 앞으로 나가 토끼를 잡아 오겠다고 말하자, 용왕은 크게 기뻐하며 그의 충성심을 칭찬한다. 육지에 올라온 별주부는 토끼를 만나 아름다운 용궁의 경치와 맛있는 바다 음식을 자랑한다. 또한 육지에서 살면 언제 어떻게 죽을지 모른다면서 자기와 함께 용궁으로 가자고 토끼를 설득한다. 결국, 토끼는 별주부와 함께 용궁으로 가게 된다.

(용궁 안)

해 설 : 토끼와 별주부가 용궁에 이르자 용궁에 있는 신하들은 토끼를 묶어 용왕 앞으로 데리고 갔습니다.

용 왕 : 나는 용궁의 왕이다. 그런데 심각한 병에 걸려 이렇게 고생을 하고 있구나. 어느 도사에게 네 간이 약이 된다는 말을 듣고 특별히 별주부를 보내 너를 데려왔으니, 너는 죽는 것을 슬프게 여기지 말라.

신하1 : 용왕님의 말씀에 따라 우리 용궁에서는 네가 죽으면 비단으로 몸을 싸고 좋은 관에 넣어 가장 좋은 자리에 묻어 줄 것이다. 육지에서 살다가 호랑이의 밥이 되거나 사냥꾼에게 잡혀 죽는 것보다 영광스러운 죽음이 아니겠느냐?

토 끼 : (용왕의 말을 듣고 속으로 혼자 말한다.) 이게 어떻게 된 일이지? 아! 별주부의 말에 속아 여기까지 오게 됐구나. 이젠 어떻게 하지? 아니야. 그래도 살 수 있는 방법이 있을 거야.

용 왕 : 죽기 전에 하고 싶은 말이 있는가?

토 끼 : 제가 비록 죽게 되었지만 한 말씀만 드리고 싶습니다. 만약 저의 간으로 용왕님의 병을 낫게 할 수 있다면 제 간을 수천 번이라도 드리겠습니다. 하지만 저는 지금 간이 없습니다. 저는 다른 동물들과 달리 아침에 이슬을 마시고 매일 향기로운 풀을 먹고 삽니다. 그래서 사람들은 저를 만날 때마다 저에게 간을 달라고 하지요. 저는 이 부탁을 거절하기 어려워서 간을 꺼내 맑은 물에 씻은 후 높은 산 바위 위에 숨겨 놓고 다닙니다. 오늘은 산에 가려다가 별주부를 우연히 만나 여기에 오게 된 것입니다. 만약 제가 용왕님의 병이 이렇게 심각한 것을 미리 알았더라면 제 간을 가져왔을 겁니다. 그래서 지금은 제 간을 드리려야 드릴 수가 없습니다.

신하1 : 용왕님, 토끼는 간사한 동물입니다. 토끼의 거짓말에 속지 마시고 빨리 간을 꺼내어 병을 고치십시오.

신하2 : 제 생각은 다릅니다. 토끼는 간사한 동물이 아니라 선비입니다. 용왕님을 위해 죽어야 하니 우리는 이 불쌍한 토끼를 위해 잔치를 열어 주어야 합니다.

용 왕 : 그대의 말이 맞네. 모두들 토끼를 위해 큰 잔치를 준비하시오.

해 설 : 며칠 후 토끼는 용궁의 모든 신하들과 용왕의 배웅을 받고 별주부와 함께 다시 육지로 나오게 되었습니다. 육지에 도착한 토끼는 간을 빼놓고 다니는 동물이 어디 있냐고 별주부를 놀리면서 깡충깡충 도망가 버렸습니다. 별주부는 할 수 없이 빈손으로 용궁에 돌아가서 모든 사실을 용왕님께 말했습니다. 여러 신하들은 모두 화를 내며 토끼를 잡아서 죽여야 한다고 했습니다. 하지만 용왕님은 내가 살기 위해 아무 잘못도 없는 토끼를 죽이려 했다면서 신하들을 조용히 시켰습니다. 용왕은 곧 왕의 자리를 아들에게 물려주고 세상을 떠났습니다. 그 때 용왕의 나이 일천팔백 세였습니다.

| 용궁 | 용왕 | 별주부 | 도사 | 간 | 특효약 |
|------|------|--------|------|------|--------|
| 육지 | 충성심 | 자랑하다 | 설득하다 | 묶다 | 관 |
| 묻다 | 속다 | 이슬 | 바위 | 우연히 | 간사하다 |
| 선비 | 배웅하다 | 물려주다 | | | |

 어휘와 표현

| 의태어 | 깡충깡충 | 엉금엉금 | 꾸벅꾸벅 | 터벅터벅 |
|---|---|---|---|---|
| 비틀비틀 | 꼼틀꼼틀 | 두리번두리번 | 허둥지둥 | 힐끗힐끗 |

### 1 N스럽다

| 어른스럽다 | 여성스럽다 | 사랑스럽다 | 자연스럽다 |
|---|---|---|---|
| 자랑스럽다 | 실망스럽다 | 부담스럽다 | 영광스럽다 |

가 : 저 아이는 몇 살이에요?

나 : 이제 10살인데 말하는 게 아주 어른스러워요.


가 : 한국어를 얼마나 공부했어요? 발음이 아주 자연스럽네요.

나 : 뭘요. 아직도 잘 못하는 발음이 있어요.


가 : 이번 올림픽에서 따님이 금메달을 따셨는데요. 기분이 어떠세요?

나 : 우리 딸이 아주 자랑스럽습니다.


### 2 세상을 떠나다

가 : 지우 씨는 할머니와 할아버지가 계세요?

나 : 할머니는 계시는데 할아버지께서는 작년에 세상을 떠나셨어요.


가 : 민수 씨 부인이 갑자기 세상을 떠났다면서요?

나 : 네, 아이가 둘이나 있는데 민수 씨가 정말 안됐어요.

# 문법

## 1  V-(으)려다가

가 : 어, 명동에 아직 안 갔어요?  명동에 간다고 했잖아요.
나 : 가려다가 비가 와서 그만 두었어요.

가 : 이번 학기는 인터넷 강의를 듣는다고 했잖아요.
나 : 인터넷 강의를 들으려다가 직접 가서 듣는 게 나을 것 같아 바꿨어요.

가 : 지난주는 좀 따뜻했는데 이번 주는 너무 춥네요.
나 : 그러게 말이에요. 날씨가 따뜻해지려다가 다시 추워졌어요.

## 2  N에 이르다 ('러' 불규칙)

가 : 이번 홍수로 많은 사람이 피해를 당했다고 들었습니다.
나 : 네, 재산 피해가 무려 5억 원에 이른다고 합니다.

가 : 수술 잘 끝났대요?
나 : 네, 수술은 오늘 새벽에 이르러서 겨우 끝났대요.

가 : 비행기가 언제 도착했어요?
나 : 3시가 되자 공항에 이르렀어요.

## 3  V-(으)려야 V-을/ㄹ 수(가) 없다

가 : 오늘 피곤해 보이네요. 어디 아파요?
나 : 아니요, 어젯밤에 너무 더워서 자려야 잘 수가 없었어요.

가 : 왜 고향에 안 갔어요?
나 : 비행기표가 없어서 가려야 갈 수가 없어요.

가 : 왜 그렇게 화가 났어요?
나 : 민수 씨가 또 거짓말을 했어요. 그 사람은 믿으려야 믿을 수 없는 사람이에요.

말하기

 다음 그림을 보고 무슨 이야기를 하고 있는지 대화를 만들어 보십시오.

182

 **쓰기**

교재에 정리한 내용을 바탕으로 '토끼전'의 줄거리를 써 보십시오.

**①** 도입

**②** 전개

**③** 마무리

# 23

## LESSON

# 한국의 음식

| 학습 목표 | • 한국을 대표하는 음식에 대해 이야기할 수 있다.
• 김치의 장점을 이해하고 김치를 이용해 만든 요리의
  종류를 알 수 있다. |

| 문　　법 | 1. A-다 A-다 하면서(도)
   V-는/ㄴ다 V-는/ㄴ다 하면서(도)
2. V-느니 차라리 |

한국의 유명한 음식에는 무엇이 있습니까?

한국 음식을 만들어 본 적이 있습니까?

# 본문

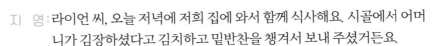

지　영 : 라이언 씨, 오늘 저녁에 저희 집에 와서 함께 식사해요. 시골에서 어머니가 김장하셨다고 김치하고 밑반찬을 챙겨서 보내 주셨거든요.

라이언 : 그렇지 않아도 오늘 점심에 기름진 음식을 먹었더니 속이 더부룩했어요. 매운 김치가 먹고 싶던 참이었는데 정말 잘 됐어요. 벌써부터 입에 군침이 도는데요? 따뜻한 쌀밥에 아삭아삭한 김치만 있으면 진수성찬도 부럽지 않아요.

지　영 : 마치 한국 사람처럼 말하는군요. 라이언 씨가 김치를 좋아한다니 저야말로 반가운데요. 특별히 작년에 담근 김치로 두부김치도 만들어 드릴게요.

라이언 : 그건 제가 가장 좋아하는 술안주예요. 그런데 요리하기가 어렵지 않아요?

지　영 : 김치로 만드는 요리는 모두 간단해요. 푹 삭은 김장 김치에 돼지고기와 두부만 썰어 넣어 끓이면 김치찌개가 되고요. 김장 김치를 돼지고기와 볶아서 두부만 곁들이면 두부김치가 돼요. 김치 요리는 따로 간이나 양념을 할 필요가 없어서 누구라도 손쉽게 할 수 있어요. 그런데 라이언 씨는 어떻게 김치를 좋아하게 되었어요?

라이언 : 전에 함께 살던 일본 친구가 김치가 다이어트에 좋다면서 한국 식당에서 사다가 먹곤 했거든요. 처음에는 냄새가 나서 싫었는데 몇 번 먹다 보니까 맛있더라고요. 캐나다로 돌아가면 김치가 제일 그리울 거예요.

지　영 : 요즘은 세계 여러 나라로 김치를 수출하고 있다고 들었어요.

라이언 : 김치는 세계적으로도 건강에 좋은 음식으로 손꼽히잖아요. 특히 김치에 들어있는 유산균이 건강에 좋다고 해요. 이렇게 맛있고 몸에 좋은 김치를 캐나다에서 아직까지는 쉽게 구하기가 어려워요. 게다가 캐나다에는 김장 김치가 없잖아요.

지　영 : 그렇게 걱정하느니 차라리 담그는 법을 직접 배워 보는 게 어때요?

라이언 : 그럴까요? 그럼 지영 씨가 제 선생님이 되어 주는 거지요?

지　영 : 사실 저도 할 줄 아는 음식이라고는 김치찌개밖에 없어요. 김치 담그는 것을 배운다 배운다 하면서도 아직 배우지 못했어요. 함께 요리책을 보면서 연구해 봐요.

| 밑반찬 | 기름지다 | 더부룩하다 | 진수성찬 | 두부김치 |
| 술안주 | 푹 | 삭다 | 썰어 넣다 | 곁들이다 |
| 따로 | 양념 | 손쉽다 | 유산균 | |

# 어휘와 표현

| 의성어 | 아삭아삭 | 보글보글 | 바삭바삭 | 지글지글 |
|---|---|---|---|---|

**1** N(으)로 손꼽히는    N(으)로 손꼽히다

가 : 엥크 씨, 김치에 대해서 들어본 적이 있어요?

나 : 그럼요, 세계적인 건강 음식으로 손꼽히잖아요.

가 : 정우 씨가 토픽 4급에 합격했대요.

나 : 놀랄 일도 아니에요. 우리 학교에서도 손꼽히는 우등생이니까요.

**2** 군침이 돌다

가 : 오늘 저녁은 갈비 어때요?

나 : 좋아요!    말만 들어도 군침이 도는군요.

가 : 차린 것은 많이 없지만 많이 드세요.

나 : 이 정도면 진수성찬인걸요. 정말 군침이 도네요.

**3** N(이)라고는 N뿐이다    N(이)라고는 N밖에 없다

가 : 율리아 씨는 한국에 아는 사람이 많이 있어요?

나 : 아니요, 제가 알고 지내는 한국 사람이라고는 지영 씨뿐이에요.

가 : 준코 씨가 이 불고기를 만들었어요?  맛있네요. 다른 한국 요리도 만들 수 있어요?

나 : 아니요, 만들 수 있는 한국 요리라고는 불고기밖에 없어요.

 문법

**1** A-다 A-다 하면서(도)   V-는/ㄴ다 V-는/ㄴ다 하면서(도)

가 : 정우 씨, 경주에는 다녀왔어요?

나 : 간다 간다 하면서 아직 못 가고 있어요.

가 : 어머니께서 편찮으시다면서요?  좀 어떠신가요?  병원에는 다녀오셨대요?

나 : 매일 아프다 아프다 하시면서도 아직 병원에도 안 가신 거 있죠?  속상해 죽겠어요.

가 : 라이언 씨는 회사가 꽤 먼데도 계속 잘 다니나 봐요?

나 : 네, 힘들다 힘들다 하면서도 계속 다니고 있어요.

**2** V-느니 차라리

가 : 냉장고에 유통 기한이 지난 우유 밖에 없는데 너무 배가 고파요.

나 : 그래도 먹지 마세요. 유통 기한이 지난 우유를 먹느니 차라리 굶는 게 나아요.

가 : 네가 더 어리잖아. 그냥 먼저 찾아가서 잘못했다고 빌어.

나 : 내가 잘못한 것도 없는데 그래야 해?  그렇게 하느니 차라리 회사를 그만 두겠어.

가 : 지금 이 시간에 택시를 타면 막힐까요?

나 : 당연하죠. 퇴근 시간에 택시를 타느니 차라리 걸어서 가는 게 낫겠어요.

# 말하기

외국인들이 가장 좋아하는 한국 음식은 무엇일까요?

| 순위 | 1 | 2 | 3 | 4 | 5 |
|---|---|---|---|---|---|
| 가장 좋아하는 한국 음식 | | | | | |

외국인들이 가장 싫어하는 한국 음식은 무엇일까요?

| 순위 | 1 | 2 | 3 | 4 | 5 |
|---|---|---|---|---|---|
| 가장 싫어하는 한국 음식 | | | | | |

189

 **쓰기**

좋아하는 음식의 만드는 방법을 써 보십시오.

◎ 어떤 요리입니까?

◎ 어떤 재료가 필요합니까?

◎ 어떻게 먹으면 더 맛있게 즐길 수 있습니까?

❶ 도입

❷ 전개

❸ 마무리

# memo

24
LESSON

# 소중한 한국어

**학습 목표**

- 고유어, 외래어, 외국어의 개념을 이해할 수 있다.
- 외래어 사용에 대한 생각을 말할 수 있다.

**문 법**

1. A-은/ㄴ 듯하다      V-는 듯하다      N인 듯하다
2. A-다느니 A-다느니    V-는/ㄴ다느니    V-는/ㄴ다느니
   N(이)라느니 N(이)라느니

여러분 고향은 말을 할 때 외국어를 많이 사용합니까?

여러분 고향에서 자주 사용하는 외국어 단어는 무엇이 있습니까?

# 본문

준코: 흰 나리꽃이 뭔지 알아요?

지영: 갑자기 왜 흰 나리꽃에 대해서 물어요?

준코: 며칠 전에 꽃을 사러 갔는데 점원이 '흰 나리꽃'이 예쁘다고 이야기를 하더라고요. 제가 알기에 그 꽃은 분명히 '백합'이거든요. 그런데 그 점원은 그 꽃을 '흰 나리꽃'이라고 부르는 거예요.

지영: 제 생각에 '백합' 대신 '흰 나리꽃'이란 단어를 이용할 정도면 그 점원은 한국말을 많이 아끼고 사랑하는 사람인 듯해요.

준코: 그럼 '백합'하고 '흰 나리꽃'이 같은 꽃이라는 말이에요? 그렇다면 같은 꽃을 그렇게 다르게 부르는 특별한 이유가 있나요?

지영: 요즘 한국에서는 외래어 대신 순우리말을 쓰자는 국어 순화 운동이 일어나고 있어요. '흰 나리꽃'은 '백합'의 순우리말이거든요. 그 점원도 아마 그래서 사용했을 거예요.

준코: 외래어라면 한국인들도 모르는 사이에 다른 나라에서 들어와서 한국어처럼 쓰이는 말을 말하는 건가요?

지영: 네, 맞아요. 외래어를 지금부터라도 순우리말로 바꿔 써야 한다느니 지금까지 써왔으니 계속 써야 한다느니 말이 많았거든요. 게다가 요즘은 국적을 알 수 없는 외국어를 너무 많이 쓰는 것도 문제예요. 세계화를 위해서는 영어를 우리말과 함께 공용어로 사용해야 한다는 주장도 많고요.

준코: 듣고 보니까 정말 그러네요. 길거리의 간판이나 상표만 봐도 한국말보다는 외국어가 더 많으니까요. 그런데 외래어나 외국어도 문제지만 지나친 유행어의 사용도 문제인 것 같아요. 만약 세종대왕께서 다시 살아나셔서 지금 한국의 거리, 한국어를 보신다면 어떤 말씀을 하실지 정말 걱정이 돼요.

지영: 한국어를 아끼고 사랑하는 모습을 보여드려야겠죠.

| 흰 나리꽃 | 분명히 | 백합 |
| --- | --- | --- |
| 국어 순화 운동 | 길거리 | 상표 |

# 어휘와 표현

| 외래어 | 외국어 | 한자어 | 고유어(순우리말) |
|--------|--------|--------|------------------|
| 표기법 | 신조어 | 유행어 | 줄임말 |

## ① V-는 데 N을/를 이용하다

가 : 어떻게 하면 쉽게 문틀을 청소할 수 있을까요?

나 : 문틀을 청소하는 데 젓가락을 이용하면 손쉽게 할 수 있어요.


가 : 호앙 씨는 어디에서 옷을 사요?

나 : 저는 옷을 사는 데 인터넷을 이용해요.


## ② V-는 사이에

가 : 선생님께서 설명하실 때 호앙 씨는 뭘 했어요?

나 : 선생님께서 설명하시는 사이에 공책에 썼어요.


가 : 왜 그렇게 화가 났어요?

나 : 내가 잠을 자는 사이에 친구가 피자를 다 먹었어요.


가 : 이번 시험 성적이 다른 친구들에 비해 높네요.

나 : 친구들이 노는 사이에 저는 도서관에서 공부를 했거든요.

 문법

**1** A-은/ㄴ 듯하다   V-는 듯하다   N인 듯하다

가 : 요즘 호앙 씨와 율리아 씨가 자주 같이 다니네요.

나 : 저 두 사람이 사귀는 듯해요.


가 : 준코 씨, 열이 나고 기침을 계속 하는 걸 보니 감기에 걸린 듯해요.

나 : 네, 그런 것 같아요. 오늘은 집에 가서 일찍 쉬어야겠어요.


가 : 날씨가 갑자기 흐려졌어요.

나 : 날씨가 흐린 걸 보니 비가 올 듯해요.


**2** A-다느니 A-다느니   V-는/ㄴ다느니 V-는/ㄴ다느니
N(이)라느니 N(이)라느니

가 : 어제 파티는 어땠어요?

나 : 손님들이 음식이 맛이 없다느니 너무 짜다느니 하면서 불만이 많았어요.


가 : 호앙 씨가 이사를 했대요?

나 : 이사를 간다느니 안 간다느니 하더니 결국 그 집에서 계속 살기로 했다는군요.


가 : 사람들이 왜 이렇게 야단들이에요?

나 : 영화가 끝난 뒤 관객들이 재미있다느니 없다느니 하면서 나오고 있어요.

# 말하기

## 다음은 무슨 뜻일까요? 생각해 보십시오.

| 외국어와 유행어 | 고유어 |
|---|---|
| 1. 짱 ☞ | 1. 단비 ☞ |
| 2. 대박 ☞ | 2. 까치밥 ☞ |
| 3. 댄스 ☞ | 3. 꽃내음 ☞ |
| 4. 스포츠 ☞ | 4. 꽃샘추위 ☞ |
| 5. 레스토랑 ☞ | 5. 흰 나리꽃 ☞ |

❶ 여러분이 알고 있는 외국어, 유행어나 고유어가 있습니까?

❷ 요즘 유행하는 말에는 어떤 것이 있습니까? 어디에서 들었습니까?
어떤 뜻이고 어떤 경우에 사용합니까?

❸ 여러분은 외국어나 유행어를 자주 사용합니까? 왜 그런 말을 합니까?

## 다음 외래어와 고유어를 연결하십시오.

| | |
|---|---|
| 메모 • | • 선택기 |
| 버스 • | • 화면표시기 |
| 컴퓨터 • | • 전기상자 |
| 노트북 • | • 열쇠 |
| 라디오 • | • 바보상자 |
| 마우스 • | • 쪽지 |
| 모니터 • | • 대중자동차 |
| 스피커 • | • 소리샘 |
| 텔레비전 • | • 소리상자 |
| 키 • | • 압축전기상자 |

 쓰기

외래어나 외국어 사용에 대해 어떻게 생각하는지 여러분의 생각을 써 보십시오.

◎ 고유어가 있는데도 왜 외래어나 외국어를 사용한다고 생각합니까?

◎ 외래어나 외국어 사용의 장점과 단점은 무엇입니까?

❶ 도입

❷ 전개

❸ 마무리

# memo

# 25

LESSON

# 인 연

학습 목표
- 인연과 관련된 한국인의 정서를 이해할 수 있다.
- 소중한 인연에 대해 자신의 경험을 말할 수 있다.

문 법
1. A/V-든지 A/V-든지    N(이/에서)든지 N(이/에서)든지
2. A-은/ㄴ 마당에    V-는 마당에

'첫눈에 반했다'라는 말을 들어본 적이 있습니까?

내 주위에 있는 친구와의 만남을 확률로 계산해 보면 어떤 결과가 나올 것 같습니까?

# 본문

내가 즐겨 보는 TV 프로그램 중에는 '그리운 사람 찾기'라는 프로그램이 있다. 오랜 세월 동안 헤어져서 생사를 모르고 지냈던 가족, 친구, 옛 애인 등을 찾는 프로그램이다. 헤어졌던 가족이 다시 만나 부둥켜안고 우는 모습을 보며 나는 인연의 소중함에 대해 생각해 본다. 가족, 친구, 직장 동료 등 사람이 살아가는 것이 만남과 헤어짐의 연속인데, 우리는 서로에 대해 마치 영원히 함께 지낼 것처럼 서로의 존재에 감사하지 못한 채로, 또는 서로를 미워하면서 지낸다. 하지만 우리에게 주어진 시간들이 무한한 것이 아니라는 것을 깊이 깨닫는다면 서로에 대해 더욱 소중히 여길 수 있지 않을까?

정우: 지영 씨, 기분 안 좋은 일이 있어요?

지영: 인사이동에서 박 팀장님과 같은 부서로 배정이 되었네요. 박 팀장님과는 한 부서에서 일하게 되지 않기를 바랐는데…… 박 팀장님 때문에 회사도 옮기고 싶은 마당에 같은 부서에 또 배정되다니 정말 악연인 것 같아요.

정우: 이런, 회사를 그만두면 친한 동기인 총무팀의 왕밍 씨가 서운해 할 거예요.

지영: 맞아요. 인생이라는 게 보고 싶은 사람은 보지 못해서 괴롭고 보기 싫은 사람은 봐서 괴롭다더니 제가 그 상황이에요.

정우: 세상에 악연은 따로 없대요. '옷깃만 스쳐도 인연'이라는데, 팀장님과는 두 번이나 같은 부서에서 일을 하게 되었으니 인연도 보통 인연이 아닌 모양이에요. 참, 저는 다음 달부터 인천 지사에서 근무를 하게 되었어요.

지영: 정말이에요? 정우 씨와는 입사 동기라서 정이 많이 들었는데 섭섭하군요.

정우: 너무 섭섭해 하지 마세요. 아주 헤어지는 것도 아니잖아요? 만남이 있으면 헤어짐이 있고 헤어짐이 있으면 만남이 생기는 게 사람 사는 이치가 아니겠어요?

지영: 그래요. 우리 자주 연락하며 지내요. 정우 씨는 서울에서든지 인천에서든지 잘 할 거라고 믿어요.

| 즐기다 | 생사 | 부둥켜안다 | 연속 | 영원히 | 주어지다 |
| 무한하다 | 인사이동 | 배정되다 | 동기 | 지사 | 이치 |

# 어휘와 표현

| 인연 | 악연 | 천생연분 | 지속하다 | |

**1** 인연이 있다[없다]　인연이다　인연이 아니다

가 : 한국을 떠나면 다시 만나기 어렵겠죠?　정이 많이 들었는데 아쉬워요.
나 : 인연이 있으면 또 만나게 될 거예요. 너무 아쉬워하지 마세요.

가 : 소개팅하기로 한 사람이랑 약속 잡기가 너무 어려워요.
나 : 서로 인연이 아닌가 봐요.

가 : 안녕하세요?　저는 왕밍이에요. 이렇게 같이 공부하게 된 것도 인연인데 잘 지내봐요.
나 : 네, 반가워요. 앞으로 잘 부탁해요.

**2** 옷깃만 스쳐도 인연

가 : 지영 씨, 여기에서 또 만나네요?　우리 요즘 꽤 자주 마주치네요?
나 : 옷깃만 스쳐도 인연이라는데 이렇게 자주 만나는 걸 보면 우리 인연이 깊은가 봐요.

가 : 자, 일은 이만하면 마무리가 된 것 같고, 이제 각자 집에 가면 되나요?
나 : 그냥 헤어지는 거예요?　옷깃만 스쳐도 인연이라는데 같이 차 한 잔 마시고 가죠.

**3** 아주 V

가 : 헤어진 여자 친구랑 서로 연락하고 지내나요?
나 : 아니요. 아주 남남이 되어 버렸기 때문에 전혀 연락하지 않아요.

가 : 엥크 씨는 언제 돌아온대요?
나 : 아주 가버린 것이기 때문에 이제 다시는 오지 않을 거예요.

# 문법

**1** A/V-든지 A/V-든지
N(이/에서)든지 N(이/에서)든지

가 : 우리 영화 보러 가기로 했잖아요. 언제 갈까요?

나 : 토요일이든지 일요일이든지 다 괜찮아요.

가 : 오늘은 뭘 먹을까요?

나 : 불고기를 먹든지 비빔밥을 먹든지 다 좋아요.

가 : 내일 비가 올 것 같은데 그래도 문화수업을 가요?

나 : 네, 비가 오든지 안 오든지 문화수업을 갈 거예요.

**2** A-은/ㄴ 마당에    V-는 마당에

가 : 조금 더 생각해 보고 해야 하지 않겠어요?

나 : 이미 늦은 마당에 더 생각할 시간이 어디 있어요?

가 : 라이언이 바쁜 모양인데 네가 좀 도와주지 그러니?

나 : 시간이 없어서 내 할 일도 잘 못 하는 마당에 어떻게 남의 일까지 도와줘?

가 : 두 사람이 헤어진 이유가 누구의 잘못 때문이라고 생각하십니까?

나 : 이미 헤어진 마당에 누구의 잘못인가를 따져 봤자 무슨 소용이 있겠어요?

204

 말하기

 **1** '세상 참 좁다'라고 느낀 적이 있으면 이야기해 봅시다.

| 언제 | |
|---|---|
| 어디에서 | |
| 어떤 일입니까? | |

 **2** 여러분의 특별한 인연에 대해 이야기해 보십시오. 왜 여러분에게 특별한 인연입니까? 그 인연과 있었던 일은 무엇입니까?

| 언제 | |
|---|---|
| 어디에서 | |
| 어떤 일입니까? | |

 **3** 지금까지 살아오면서 '인연이 아니다, 악연이다'라고 느낀 적이 있으면 이야기해 봅시다.

| 언제 | |
|---|---|
| 어디에서 | |
| 어떤 일입니까? | |

## 쓰기

지금까지 만난 인연 중에 가장 특별한 인연에 대해 써 보십시오.

◎ 그 인연은 누구입니까?

◎ 그 인연은 언제, 어디에서 만났습니까?

◎ 왜 그 인연이 특별합니까?

❶ 도입

❷ 전개

❸ 마무리

# memo

# 26
## LESSON

# 설화 속의 호랑이

**학습 목표**

• 호랑이와 관련된 한국의 속담을 이해하고 말할 수 있다.
• 그림을 보고 이야기를 만든 후 말하고 쓸 수 있다.

**문 법**

A-은/ㄴ 셈이다    V-는 셈이다    N인 셈이다

여러분 고향에도 호랑이와 관련이 있는 이야기가 있습니까?

여러분 고향에서 호랑이의 존재는 어떻습니까?

# 본문

전통적으로 호랑이가 한국인에게 있어 특별한 동물이라는 것은 잘 알려져 있는 사실이다. 호랑이는 설화 속에 종종 등장하곤 하는데, 사람과 가축을 해치는 포악한 맹수로서 경계의 대상이 되기도 하고, 작은 동물로부터 놀림을 당하는 우둔한 동물이 되기도 한다. 또한 인간의 편에 선 신적인 존재로 등장하기도 하고, 사람처럼 정과 의리가 있어 은혜를 갚거나 인간을 돕는 구원자가 되기도 한다. 그래서 한국인의 속담 중에는 호랑이와 관련된 속담이 많다. 무슨 일을 하든지 정신을 차려서 하라는 의미의 '호랑이에게 물려 가도 정신만 차리면 산다.'라는 속담이 있고, 목적을 이루려면 그만큼 위험을 무릅쓰고 노력해야 한다는 의미의 '호랑이 굴에 가야 호랑이 새끼를 잡는다.'라는 속담 등이 있다.

이처럼 속담이나 설화 할 것 없이 거기에 등장하는 호랑이는 우리 선조들이 호랑이와 매우 친숙한 관계였음을 말해 준다. 속담이나 설화 속에서 호랑이를 다양한 모습으로 형상화시켜 선조들의 삶과 의식을 반영했기 때문에, 호랑이는 한국인에게 있어 긍정과 부정의 의미를 동시에 갖는 가장 가까운 동물이라고 할 수 있다.

라이언: 옛날이야기를 보면 호랑이가 많이 등장하던데 한국 사람과 호랑이는 무슨 특별한 관계가 있는지 궁금해요.

정 우: 아마도 호랑이가 한국 사람에게 친숙한 동물이기 때문이 아닐까요? 옛날에는 한반도에 호랑이가 많이 살았다고 해요. 조선 시대에는 호랑이 때문에 죽은 사람이 매해 120명이나 되었다고 전해져요.

라이언: 그렇다면 호랑이가 한국인에게는 사람을 해치는 무서운 동물인 셈이네요.

정 우: 반드시 그렇다고만은 할 수 없어요. 설화 속에는 다양한 유형의 호랑이들이 등장하는데 그중에는 사납고 무서운 호랑이도 있지만 '호랑이와 곶감' 같은 이야기에서처럼 아주 어리석은 호랑이가 등장하기도 하거든요. 또 사람 못지않게 효성스러운 호랑이로 나오기도 하고요.

라이언: 호랑이가 사람을 부모로 생각하고 효도를 하는 이야기를 읽은 적이 있어요.

정 우: 그런 이야기 속에는 호랑이를 친근한 존재로 느끼려고 하는 사람들의 의식이 반영되었다고 할 수 있어요.

라이언: 그러고 보니 한국 사람들이 아주 먼 옛날을 이야기할 때, 호랑이 장가가던 시절이라든지 호랑이가 담배 피우던 시절이라든지 하고 말하는 것을 들은 것 같아요.

정 우: 네, 이처럼 설화를 비롯해서 많은 속담과 그림, 그리고 사람들의 언어 습관 속에 호랑이가 자주 등장하지요. 그런데 라이언 씨, 그 많던 호랑이를 지금은 자주 볼 수 없는 이유를 아세요?

라이언: 산업이 발달하면서 점차 호랑이가 희귀 동물이 되었기 때문 아닌가요?

정 우: 아니에요. 그건 호랑이가 호랑이 담배 피우던 시절부터 담배를 너무 많이 피웠기 때문이래요.

라이언: 네?

| 종종 | 가축 | 포악하다 | 맹수 | 경계 | 우둔하다 | 편 | 구원자 | 선조 |
|---|---|---|---|---|---|---|---|---|
| 친숙하다 | 반영하다 | 형상화 | 곶감 | 어리석다 | 효성스럽다 | 효도 | 친근하다 | 희귀 동물 |

**표현**

**1** N(에) 못지않게
N(에) 못지않다

가 : 서영 씨, 이렇게 무거운 걸 혼자 어떻게 들어요?

나 : 걱정 마세요. 저 남자 못지않게 힘이 세거든요.


가 : 상하이는 서울 못지않게 물가가 비싸요.

나 : 맞아요. 저도 지난 방학에 상하이에 갔는데 뭐든지 너무 비싸서 깜짝 놀랐어요.


가 : 유생 씨는 한국 문화에 대해서 잘 알고 있는 것 같아요.

나 : 맞아요. 한국 사람 못지않게 잘 알고 있더라고요.


**2** N을/를 비롯하여[비롯해서, 비롯한]

가 : 이번 올림픽에 모두 몇 개국이 참가했나요?

나 : 한국을 비롯하여 모두 160개국이 참가했대요.


가 : 이번 TOPIK 시험이 좀 쉬웠다면서요?

나 : 네, 밍밍 씨를 비롯한 많은 친구들이 4급에 합격했어요.


가 : 이 책은 중국어를 비롯한 여러 외국어로 번역되었대요.

나 : 그래요? 그러면 일본어로 번역된 책도 한 권 사야겠네요.


211

 **문법**

**① A-은/ㄴ 셈이다**
**V-는 셈이다**
**N인 셈이다**

가 : 이번 방학 때 학생들이 모두 고향에 가나요?

나 : 15명 중에서 한 명만 빼고 다 가니까 모두 고향에 가는 셈이에요.

가 : 월세가 너무 비싸요.

나 : 월세에 관리비와 인터넷 사용료가 포함되어 있으니까 싼 셈이에요.

가 : 과제 다 했어요?

나 : 마지막 문제만 남았으니까 다 한 셈이에요.

가 : 진짜 이 옷을 만 원에 샀어요?

나 : 5만 원 짜리 옷을 만 원에 샀으니까 공짜로 산 셈이지요.

가 : 한국에서 오래 살았어요?

나 : 한국에서 10년 이상 살았으니까 이곳이 제 2의 고향인 셈이에요.

말하기

 그림을 보고 이야기를 만들어 보십시오.

213

## 쓰기

 위의 그림을 보고 자신이 재구성하여 이야기 만들어 보십시오.

# memo

27
LESSON

# 현대 사회의 사회 현상

**학습 목표**

- 현대 사회의 사회 현상을 이해하고 분석할 수 있다.
- 여러 가지 사회 현상에 대해 논리적으로 의견을 표현할 수 있다.

**문 법**

1. N만 해도
2. (불과) N 만에
3. A/V-더라도

최근에 본 뉴스의 내용은 무엇입니까? 고향에서 그런 일이 자주 일어납니까?

요즘 사회에서 가장 큰 문제는 무엇이라고 생각합니까?

# 본문

현대 사회는 개인의 자유와 능력이 존중되고 자본주의 경제가 발달한 사회이다. 과학의 발달로 사람들의 생활은 몰라보게 향상되었고, 이로 인해 십 년 전만 해도 꿈에서나 가능했던 일들이 지금은 현실로 나타나게 되었다. 교통과 통신이 빠르게 발달하면서 시간과 거리의 문제는 이미 극복되었고, 최근 21세기에 들어와서는 정보화 물결이 현대 사회를 가득 채우게 되었다. 불과 몇 십 년 만에 현대사회는 산업 사회에서 정보화 사회로 변화한 것이다.

남편 : 요즘 사회 문제가 점점 심각해져서 큰일이에요.

부인 : 왜요? 또 무슨 안 좋은 기사라도 신문에 났어요?

남편 : 지난번에는 고3 학생들이 수능 시험에서 휴대 전화 문자 메시지를 사용해 정답을 알려준 일이 있었잖아요?

부인 : 그랬죠. 몇몇 학생들의 부정행위가 사회 문제가 되어, 우리나라 교육이 실패했다고 야단들이었죠.

남편 : 작년에는 교육이 큰 사회 문제가 되어 기사에 많이 나더니 올해는 통신을 통한 개인정보 유출과 사생활 침해에 대한 것이 많아요.

부인 : 인터넷이 오히려 우리 사회에 독이 되고 있는 듯해요. 개인의 사생활과 관련된 정보들이 우리도 모르는 사이에 다른 사람에게 팔린다는 것을 지난번 '인터넷 정보 유출 사건'을 통해 알게 됐잖아요.

남편 : 잘 쓰면 약이 되고 잘못 쓰면 독이 되는 것이 요즘 현대 사회의 과학 기술인 것 같아요. 사회가 발전하면 할수록 더 나은 세상이 되어야 하는데 요즘 현대 사회를 보면 꼭 그렇지도 않은 것 같아요.

부인 : 그동안은 사회 발전에만 몰두하다 보니 현대 사회가 가지고 있는 여러 문제에 대해서 심각하게 생각해 볼 기회가 없었던 거죠.

남편 : 이제부터라도 우리 주변에 있는 여러 문제들을 잘 살펴보고 국민과 정부가 적극적으로 해결하려는 노력이 필요해요.

| 자본주의 | 향상되다 | 통신 | 극복되다 | 정보화 | 물결 |
|---|---|---|---|---|---|
| 부정행위 | 유출 | 침해 | 독 | 사건 | |

# 어휘와 표현

| 사회 현상 | 노후 설계 | 출산율 | 노령화 | 복지 시설 |
|---|---|---|---|---|
| 삶의 질을 개선하다 | | 출산을 장려하다 | | 국민연금에 가입하다 |

**1** V-는 데(에) 몰두하다　N에 몰두하다

가 : 준코 씨, 요즘 뭘 그렇게 열심히 해요?

나 : 한국어 공부에 몰두하고 있어요. 기말 시험이 얼마 안 남았거든요.

가 : 지영 언니는 공부는 안 하고 맨날 어디를 그렇게 다닌대요?

나 : 그러게 말이에요. 공부는 안 하고 연애하는 데에 몰두하는 것 같아요.

가 : 유 선생님께 전화해 봤어요?　연락이 안 돼요.

나 : 연구실에 계신가 봐요. 연구에 몰두하시는 동안에는 전화를 안 받으시더라고요.

**2** N처럼[같이, 만큼] A-은/ㄴ N도 없다
N처럼[같이, 만큼] V-는 N도 없다

가 : 한국 음식 중에서 무슨 음식을 가장 좋아해요?

나 : 불고기처럼 맛있는 음식도 없어요.

가 : 세상에서 나를 제일 사랑하는 사람은 누구일까요?

나 : 부모님만큼 저를 사랑하는 사람도 없어요.

가 : 호앙 씨에게 가장 소중한 것은 뭐예요?

나 : 목숨같이 소중한 것도 없다고 생각해요.

219

 문법

### 1 N만 해도

가 : 오늘 아침만 해도 더웠는데 지금은 바람이 불고 쌀쌀해요.

나 : 맞아요. 요즘 날씨가 정말 이상해요.

가 : 요즘 젊은 사람들은 키가 아주 큰 것 같아요.

나 : 네, 10년 전만 해도 이렇게 크지는 않았는데 말이에요.

가 : 호앙 씨가 벌써 아기가 2명이라면서요?

나 : 5년 전만 해도 상상도 못 했는데 말이에요.

### 2 (불과) N 만에

가 : 청소 벌써 다 했어요?

나 : 네, 방이 깨끗해서 별로 할 게 없어요. 그래서 불과 10분 만에 다 끝냈어요.

가 : 벌써 점심 다 먹었어요?

나 : 오늘 아침도 못 먹었거든요. 너무 배가 고파서 불과 5분 만에 다 먹었네요.

가 : 율리아 씨, 그 구두 오래된 거예요?

나 : 아니요. 한 달 전에 산 구두예요. 제가 관리를 못 해서 불과 한 달 만에 이렇게 되었어요.

### 3 A/V-더라도

가 : 지영아, 꼭 그 사람이랑 결혼해야 하겠니?

나 : 저는 그 사람이 정말 좋아요. 부모님께서 반대하시더라도 결혼할 거예요.

가 : 선생님, 일기예보를 보니까 내일 비가 온대요. 그래도 우리 소풍 가요?

나 : 네, 비가 오더라도 갈 거니까 9시까지 오세요.

가 : 저 사람은 정말 예쁜데 왜 남자친구가 없는지 몰라.

나 : 성격이 안 좋잖아. 얼굴이 예쁘더라도 마음이 안 예쁘면 소용이 없어.

 말하기

 **1** 다음은 독신생활을 즐길 수 있는 사람들의 성향이라고 합니다. 읽고 독신생활을 할 수 있는 성향인지 아닌지 말해 보십시오.

❶ 혼자 먹고 살만한 충분한 경제력이 있다.

❷ 내 편이라고 말할 수 있는 친구가 3명 이상 있다.

❸ 인생에서 꼭 이루려고 하는 목표가 한 가지 이상 있다.

❹ 아프면 스스로 종합검진을 받거나 보약을 지어 먹는다.

❺ 낯선 장소에서 새로운 사람들과 잘 어울릴 수 있으며 대화를 즐긴다.

❻ 혼자 식당, 극장, 술집, 여행지에 자주 가는 편이다.

**2** 다음 중에서 혼자 살 때 필요하다고 생각하는 세 가지를 고르고 그 이유를 말해 보십시오.

| 강아지, 고양이 등의 애완동물 | 혼자 살기 편한 아파트 | 고민을 들어 줄 친구 |
|---|---|---|
| 건강보험 | 운동기구 | 고정수입 |

 쓰기

여러분이 생각하는 현대 사회의 문제점은 무엇이 있습니까? 현대 사회의 가장 심각한 문제점에 대해서 다음의 내용을 포함한 글을 쓰십시오.

◎ 어떤 것이 가장 심각한 문제라고 생각합니까?
◎ 그 문제가 심각한 이유는 무엇입니까?
◎ 그 문제가 생긴 원인은 무엇입니까?
◎ 그 문제를 해결하기 위해서 필요한 것은 무엇입니까?

❶ 도입

❷ 전개

❸ 마무리

# memo

28
LESSON

# 콤플렉스

학습 목표
• 콤플렉스의 정의와 종류를 알 수 있다.
• 콤플렉스 해결 방법을 제시할 수 있다.

문  법
1.  A-은/ㄴ 데다가    V-는 데다가    N인 데다가
2.  A/V-음/ㅁ

콤플렉스란 무엇입니까?

어떤 콤플렉스를 가지고 있습니까?

# 본문

콤플렉스는 자신의 가치를 다른 사람과 비교하여 낮게 여기는 심리현상이다. 콤플렉스는 특히 마음속에 무언가 바라는 것이 있는데 여러 가지 이유로 이루어지지 않는 경우에 행동이 반대로 나타나는 현상을 말한다.

김민정 씨는 완벽주의자이다. 집에서도 회사에서도 완벽한 사람이 되고 싶어한다. 김민정 씨는 일류 대학을 나와 국내 유명한 기업에 취직을 했다. 실력도 뛰어난 데다가 일도 잘해 최근 팀장으로 승진도 했다. 기혼 여성이 팀장으로 승진한다는 것은 여간 어려운 일이 아닌데 김민정 씨는 누구보다도 성실하게 일해 결국 승진까지 하게 되었다. 김민정 씨의 성실함은 집에 돌아가서도 계속된다. 김민정 씨는 집에 가자마자 요리를 하고 모든 집안일을 남편의 도움 없이 혼자 다 한다. 여자가 밖에서 일한다고 집안일에 신경을 쓰지 않는다는 말을 듣고 싶지 않아서이다. 힘이 드는 건 사실이지만 그렇다고 가족들 앞에서 힘든 내색을 하지 않는다. 슈퍼우먼 콤플렉스에 빠진 김민정 씨는 그래서 요즘 더욱 힘들다.

 **박철 씨의 메모**

1. 나는 장남이기 때문에 가족 모두를 잘 챙기고 보살펴야 할 의무가 있음.
2. 장남으로서 가족의 경제적인 책임이 있음.
3. 부모님들은 첫째가 잘 되어야 동생들도 잘 된다고 기대하심.
4. 나의 적성보다는 가족의 기대에 맞는 공무원이 되었음.
5. 나는 모든 면에서 장남답게 살아야 함.
6. 그러나 나는 장남의 역할을 잘 못하고 있음.

어떻게 해야 할지 모르겠음······

| 콤플렉스 | 완벽주의자 | 일류 대학 | 내색을 하다 |
| --- | --- | --- | --- |
| 슈퍼우먼 | 빠지다 | 기대에 맞다 | |

# 어휘와 표현

| 열등감 | 강박 관념 | 죄책감 |
| --- | --- | --- |

**1** 아무런 N(도) 없다[-지 않다, -지 못하다]

가 : 저 두 사람은 왜 안 사귀죠?

나 : 준코 씨는 좋아하는데 엥크 씨는 아무런 관심도 없나 봐요.

가 : 율리아 씨, 왕밍 씨가 어디 갔어요?

나 : 저도 몰라요. 전화를 받더니 아무런 말도 하지 않고 가 버렸어요.

가 : 왜 영화를 보다가 나왔어요?

나 : 1시간을 봤는데 아무런 감동도 받지 못해서 시간 낭비라고 생각했어요.

 문법

### 1 A-은/ㄴ 데다가
### V-는 데다가
### N인 데다가

가 : 기분이 좋아 보이네요?

나 : 대학교에 합격한 데다가 장학금까지 받았거든요.

가 : 제 방은 작은 데다가 창문도 없어요.

나 : 너무 답답하겠어요. 우리 원룸으로 이사하지 않을래요?

가 : 우리 같이 해외여행 갈래요?

나 : 저는 아직 학생인 데다가 돈도 없어서 해외여행을 갈 수 없어요.

### 2 A/V-음/ㅁ

- 위 내용은 사실과 틀림없음.
- 비행기 출발 시간이 변경되었음.
- 서류 제출 전 공지를 먼저 확인하기 바람.
- 열등감은 슬픔, 불안, 외로움과 같은 부정적인 감정과 관련이 있음.

# 말하기

**1** 여러분이 알고 있는 콤플렉스가 있다면 이야기해 보십시오.
여러분 주변에 이러한 콤플렉스 증상이 있는 사람이 있습니까?

------------------------------------------------

------------------------------------------------

------------------------------------------------

------------------------------------------------

**2** 어떤 콤플렉스일까요? 친구와 같이 추측해 봅시다.

| 착한아이 콤플렉스 | 마더 콤플렉스 | 카인 콤플렉스 |
|---|---|---|

**3** 콤플렉스를 극복할 수 있는 방법은 무엇입니까?

------------------------------------------------

------------------------------------------------

------------------------------------------------

------------------------------------------------

 쓰기

여러분은 어떤 콤플렉스가 있습니까?
(없다면 오늘 배운 콤플렉스 중에 하나를 선택해 써 보십시오.)

◎ 무슨 콤플렉스를 가지고 있습니까?

◎ 왜 그런 콤플렉스를 가지게 되었고 증상은 무엇입니까?

◎ 그런 콤플렉스를 해결할 수 있는 방법은 무엇입니까?

❶ 도입

❷ 전개

❸ 마무리

# memo

## LESSON 1. 한국의 대학 생활

| 어휘 | | | | | |
|---|---|---|---|---|---|
| 관련 어휘 | 휴학 | 복학 | 편입 | 개강 | 휴강 |
| | 폐강 | 전공과목 | 교양과목 | 보고서 | 학점 |
| | 수강 신청하다 | 변경하다 | | | |
| 본문 어휘 | 실천하다 | 자극되다 | 학우 | 재학 | 학번 |
| | 인터뷰 | 응하다 | 과제 | 복수전공 | 봉사 |
| | 홍보 | 도우미 | 장학금 | 연수 | 깨닫다 |
| | 시야 | 계기 | 알차다 | 학부 | |
| 표현 | V-겠다는 결심을 하다 / -기로 결심하다 | | | | |
| | 무엇보다도/ 누구보다도/ 어디보다도 | | | | |
| | 우물 안 개구리 | | | | |
| 문법 | | | | | |
| A/V-을/ㄹ지도 모르다<br>N일지도 모르다 | 추울지도 모르니까 옷을 더 가지고 가세요.<br>외국인일지도 몰라요. | | | | |
| V-음/ㅁ에 따라 | 과학이 발달함에 따라 생활이 편리해졌습니다. | | | | |

## LESSON 2. 여행

| 어휘 | | | | | |
|---|---|---|---|---|---|
| 관련 어휘 | 숙소 | 예약하다 | 묵다 | 세면도구 | 비상약 |
| | 인상적이다 | 장관이다 | 추천하다 | 기행문 | |
| 본문 어휘 | 문화재 | 도보 | 강원도 | 동해 | 해안선 |
| | 갑자기 | 전라도 | 지방 | 여행지 | 뜻깊다 |
| 표현 | N은/는 N(중)의 하나 | | | | |
| | A-다고 해도 과언이 아니다    V-는/ㄴ다고 해도 과언이 아니다 | | | | |
| | N(이)라고 해도 과언이 아니다 | | | | |
| 문법 | | | | | |
| A-다면서(요)?<br>V-는/ㄴ다면서(요)?<br>N(이)라면서(요)? | 응아 씨 남자친구가 그렇게 멋있다면서요?<br>왕준 씨, 대학교에 입학한다면서요?<br>준코 씨가 미혼이라면서요? | | | | |
| V-곤 하다 | 저는 주말에 보통 영화를 보거나 음악을 듣곤 해요. | | | | |

**LESSON 3. 적성과 진로**

| 어휘 | | | | | |
|---|---|---|---|---|---|
| 관련 어휘 | 구직 | 취업 | 부서 | 근무하다 | 경력사원 |
| | 적성에 맞다 | 전공을 살리다 | 소질이 있다 | 진로를 정하다 | |
| 본문 어휘 | 박람회 | 팀장 | 특강 | 인사 | 고려하다 |
| | 실패하다 | 성공하다 | 발전 | 가능성 | 급여 |
| | 조건 | 규모 | 현명하다 | 유익하다 | |
| 표현 | N에/에게 관심이 있다[없다] | | | | |
| | N에/에게 관심을 가지다 | | | | |
| | 무려 | | | | |
| | 두말할 필요가 없다　　두말할 필요 없이 | | | | |

| 문법 | |
|---|---|
| V-아/어 달라고 부탁하다<br>N을/를 부탁하다 | 모르는 문제는 선생님께 가르쳐달라고 부탁해 보세요.<br>동생에게 집안일을 부탁했어요. |
| A/V-을/ㄹ 확률이 있다[없다/높다/낮다] | 호앙 씨는 매일 도서관에 가니까 집에 없을 확률이 높아요.<br>시험이 어려워서 합격할 확률이 낮아요. |

 **LESSON 4. 문화 차이**

| 어휘 | | | | | |
|---|---|---|---|---|---|
| 관련 어휘 | 문화 차이 | 공통점 | 미풍양속 | 덤 | 경어 |
| | 문화적 충격 | 금기 사항 | 존중하다 | 인정하다 | |
| 본문 어휘 | 서운하다 | 곱다 | 밉다 | 남녀노소 | 공손하다 |
| | 부침개 | 부담스럽다 | 더불어 | 이웃 | 예의 바르다 |
| | 열정적 | 지나치다 | | | |
| 표현 | 정(이) 들다 | | | | |
| | N을/를 막론하고 | | | | |
| | (N에/에게) 신경(을) 쓰다　　신경(이) 쓰이다 | | | | |

| 문법 | |
|---|---|
| A/V-았/었더라면 | 공부를 열심히 했더라면 성적이 좋았을 텐데… |
| A/V-더라고(요) | 부산에 가 보니 바다가 예쁘더라고요. |

## LESSON 5. 긍정적 사고

| 어휘 | | | | | |
|---|---|---|---|---|---|
| 관련 어휘 | 심리 실험 | 이성적 | 감정적 | 인식하다 | 작용하다 |
| | 입증하다 | 과대평가하다 | 과소평가하다 | | |
| 본문 어휘 | 지향하다 | 현실 | 만족하다 | 부류 | 정신적 |
| | 끊임없이 | 경기 | 안정되다 | 전형적 | 평범하다 |
| | 마음먹다 | | | | |
| 표현 | N형 | | | | |
| | N와/과 달리 | | | | |

| 문법 | |
|---|---|
| V-다(가) 보면 | 한국 사람들하고 이야기하다가 보면 말하기가 좋아질 거예요. |
| A-은/ㄴ 반면에<br>V-는 반면에<br>N인 반면에 | 집값이 싼 반면에 교통이 불편해요. |
| A/V-을/ㄹ지 A/V-을/ㄹ지<br>N일지 N일지 | 속이 좀 안 좋아서 점심을 먹을지 안 먹을지 생각 중이에요. |

## LESSON 6. 한국의 축제

| 어휘 | | | | | |
|---|---|---|---|---|---|
| 관련 어휘 | 개막식 | 폐막식 | 지루하다 | 흥미롭다 | 기대만 못하다 |
| 본문 어휘 | 예술 | 축제 | 거리 | 공연 | 개최하다 |
| | 행사 | 다채롭다 | 프로그램 | 참여하다 | 불꽃놀이 |
| | 마술 | 월드컵 | 응원 | 팸플릿 | 무작정 |
| | 전야제 | 즐기다 | | | |
| 표현 | A/V-을/ㄹ 줄 어떻게 알았겠어요? | | | | |
| | A-다고 야단들이다  V-는/ㄴ다고 야단들이다 | | | | |
| | N(이)나 N(이)나 할 것 없이 | | | | |
| | 손꼽아 기다리다 | | | | |

| 문법 | |
|---|---|
| N(이)야 | 한국어야 당연히 내가 더 잘하지. |
| A/V-기 마련이다<br>A/V-게 마련이다 | 물건이란 오래 쓰면 닳게 마련이에요. |

## LESSON 7. 여성과 남성

### 어휘

| 관련 어휘 | 성별 | 동성 | 이성 | 여자답다 | 남자답다 |
|---|---|---|---|---|---|
| | 얌전하다 | 점잖다 | 사고방식 | 감정이 풍부하다 | |
| | 승부욕이 강하다 | | | | |
| 본문 어휘 | 보건 | 고용 | 부문 | 합산하다 | 순위 |
| | 매기다 | 상당히 | 진전되다 | 미흡하다 | 육아 |
| | 휴직 | 기업 | 거북하다 | 책임 | 생물학 |
| | 구분하다 | 취향 | 평등 | 불평등 | |
| 표현 | N을/를 A-게 여기다  N을/를 N(으)로 여기다 | | | | |
| | 아닌 게 아니라 | | | | |
| | 똑 부러지다 | | | | |

### 문법

| N에 의하면 | 선생님 말씀에 의하면 설악산으로 간다고 해요. |
|---|---|
| N을/를 대상으로 조사하다[연구하다] | 이 조사는 한국을 방문한 외국인을 대상으로 조사를 했다. |
| A-은/ㄴ 것으로 나타나다<br>V-는 것으로 나타나다<br>N인 것으로 나타나다<br>[조사되다, 밝혀지다] | 서울의 집값이 다른 지역에 비해 상당히 비싼 것으로 조사되었다. |

## LESSON 8. 세대 차이

### 어휘

| 관련 어휘 | 신세대 | 구세대 | 기성세대 | 보수적 | 자유분방하다 |
|---|---|---|---|---|---|
| | 격식을 차리다 | 다양성 | | | |
| 본문 어휘 | 동료 | 옷차림 | 요란하다 | 단정하다 | 세대 |
| | 현모양처 | 도무지 | 개성 | 경쟁력 | 우정 |
| | 존재하다 | 젊은이 | 가치관 | 개방적 | |
| 표현 | 숨(이) 차다 | | | | |
| | A-은/ㄴ 것만도 어딘데(요)  V-는 것만도 어딘데(요) | | | | |
| | (N에 따라) N에 차이를 보이다/차이가 있다[나다] | | | | |

### 문법

| N마저 | 너무 눈이 많이 와서 버스를 물론이고 지하철마저 끊겼다. |
|---|---|
| A/V-을/ㄹ지라도 | 지금은 힘들지라도 조금만 지나면 괜찮아질 거예요. |

## LESSON 9. 한국의 음주 문화

| 어휘 | | | | | |
|---|---|---|---|---|---|
| 관련 어휘 | 과음 | 주량 | 술버릇 | 술고래 | 술주정 |
| | (알코올)중독자 | | | | |
| 본문 어휘 | 한잔하다 | 권하다 | 표현 | 술자리 | 친근감 |
| | 서먹서먹하다 | 신나게 | 흔하다 | 상사 | 부하 직원 |
| | 장사 | | | | |
| 표현 | N도 마 V-지도 마 N도 V-지 마 | | | | |
| | A-은/ㄴ 경우가 (많이) 있다[없다]    V-는 경우가 (많이) 있다[없다] | | | | |

| 문법 | |
|---|---|
| V-는/ㄴ다면서<br>V-자면서<br>V-(으)라면서<br>A/V-냐면서<br>A-다면서<br>N(이)라면서 | 가 : 왕밍 씨가 결혼한다던데요.<br>나 : 네, 어제 저한테 직접 와서 다음 달에 결혼한다면서 청첩장을 줬어요. |
| V-아/어다(가) | 나 은행에서 돈 좀 찾아다가 줄래? |

## LESSON 10. 대중문화

| 어휘 | | | | | |
|---|---|---|---|---|---|
| 관련 어휘 | 사회적 영향력 | 선정적이다 | 상업적이다 | 획일적이다 | 폭력적이다 |
| | 대리만족을 느끼다 | 악영향을 미치다 | 표현의 자유 | | |
| 본문 어휘 | 마당놀이 | 고전적 | 오페라 | 뮤지컬 | 콘서트 |
| | 현대적 | 명성황후 | 발레 | 현대적 | 각색하다 |
| | 관람하다 | 퓨전 | 제작하다 | 도전하다 | 바탕 |
| 표현 | 그리 A/V-지 않다 | | | | |
| | 정신이 없다 | | | | |
| | 정신을 차리다 | | | | |

| 문법 | |
|---|---|
| V-(으)려던 참이다 | 율리아 씨가 안 와서 지금 전화하려던 참이었어요. |
| V-기가 무섭게 | 왕밍 씨가 수업이 끝나기가 무섭게 밖으로 나갔다. |

**LESSON 11. 토론**

| 어휘 | | | | | |
|---|---|---|---|---|---|
| 관련 어휘 | 주장하다 | 정중하다 | 무례하다 | 대응하다 | |
| 본문 어휘 | 제출하다 | 의견 | 제안하다 | 공공장소 | 통과 |
| | 교내 | 방해하다 | 인권 | 무시하다 | 올바르다 |
| | 습관 | 주고받다 | 상황 | 득표 | 자율적 |
| | 제한하다 | 규제 | 토론 | 안건 | 과반수 |
| | 다수결 | 표결하다 | 판단하다 | | |
| 표현 | A-다고 봅니다[생각합니다]　　V-는/ㄴ다고 봅니다[생각합니다]<br>N(이)라고 봅니다[생각합니다] | | | | |
| | A/V-지 않겠습니까? | | | | |

| 문법 | |
|---|---|
| N에 의해서 | 한국의 대통령은 국민의 투표에 의해서 선출됩니다 . |
| A/V-을/ㄹ 수밖에 없다 | 날마다 열심히 공부하니 1등을 할 수밖에 없지요 . |

 **LESSON 12. 옛날이야기**

| 어휘 | | | | | |
|---|---|---|---|---|---|
| 관련 어휘 | 옛날이야기 | 권선징악 | 동화 | 조상 | 교훈 |
| 본문 어휘 | 놀리다 | 아바마마 | 백성 | 혼인하다 | 어버이 |
| | 집안 | 궁궐 | 썩 | 패물 | 학문 |
| | 장군 | 금상첨화 | 이끌다 | 신분 | 화려하다 |
| | 설화 | | | | |
| 표현 | 골치(가) 아프다 | | | | |
| | 하도 A/V-아/어서 | | | | |
| | 마치 N같다　　마치 N처럼[같이] | | | | |

| 문법 | |
|---|---|
| N(이)야말로 | 저는 영어야말로 제일 어렵다고 생각해요 . |
| V-아/어 대다 | 옆집 개가 하도 짖어 대서 잠을 잘 수가 없었어요 . |

## LESSON 13. 올바른 소비 생활

| 어휘 | | | | | |
|---|---|---|---|---|---|
| 관련 어휘 | (사용) 한도 | 연회비 | 일시불 | 무이자 | (카드) 청구서 |
| | 갚다 | 과소비 | 충동구매 | 알뜰 구매 | 할부 |
| 본문 어휘 | 소지하다 | 성인 | 사용액 | 연체율 | 신용 불량자 |
| | 무분별하다 | 병들다 | 수입 | 소비하다 | 현금 |
| | 일부 | 사라지다 | 자제하다 | | |
| 표현 | 몰라보게 V | | | | |
| | 눈이 빠지도록 기다리다 | | | | |
| | 옷이 날개다 | | | | |

| 문법 | |
|---|---|
| A/V-고말고(요)<br>N(이)고말고(요) | 생일 파티에 가고말고요. |
| A/V-(으)나<br>N(이)나 | 이 노트북은 성능이 좋으나 가격이 너무 비싸다. |

## LESSON 14. 한국인의 통과 의례

| 어휘 | | | | | |
|---|---|---|---|---|---|
| 관련 어휘 | 관혼상제 | 관례(성인식) | 혼례 | 예물 | 장례 |
| | 조문 | 제례 | 제사를 지내다 | | |
| 본문 어휘 | 함 | 풍습 | 혼서 | 채단 | 오방주머니 |
| | 대접하다 | 상징하다 | 비단 | 옷감 | 함진아비 |
| 표현 | N롭다 | | | | |
| | 관련(이) 있다[없다] | | | | |

| 문법 | |
|---|---|
| V-은/ㄴ 채(로) | 너무 피곤해서 안경을 쓴 채로 자 버렸다. |

##  LESSON 15. 의사소통

| 어휘 | | | | | |
|---|---|---|---|---|---|
| 관련 어휘 | 의사소통 | 언어 | 비언어 | 사회성 | 공감 |
| | 관심사 | 갈등 | | | |
| 본문 어휘 | 비둘기 | 매체 | 보급되다 | 진심 | 인터넷 공간 |
| | 스마트폰 | 고충 | 인간관계 | 원만하다 | 유지하다 |
| | 맞장구치다 | 편리하다 | | | |
| 표현 | N에(도) 일리가 있다 | | | | |
| | A-은/ㄴ 게 틀림없다　　V-는 게 틀림없다 | | | | |
| | N인 게 틀림없다(N임에 틀림없다) | | | | |

| 문법 | |
|---|---|
| A-은/ㄴ데 말이다<br>V-는데 말이다<br>N인데 말이다 | 가 : 엄마가 밥 먹으라고 전화하셨어. 밥 먹었는데 말이야.<br>나 : 어머니는 네가 걱정되서 그러시는 거야. |
| A-(으)냐에 따라 다르다<br>V-느냐에 따라 다르다<br>N(이)냐에 따라 다르다 | 가 : 이사를 하는데 비용이 얼마나 들어요?<br>나 : 짐이 얼마나 많으냐에 따라 달라요. |

##  LESSON 16. 외모 지상주의

| 어휘 | | | | | |
|---|---|---|---|---|---|
| 관련 어휘 | 외모 지상주의 | 거식증 | 평가하다 | 손해를 보다 | 취업성형 |
| 본문 어휘 | 굶다 | 쓰러지다 | 부작용 | 지배적 | 자신감 |
| | 회복하다 | 앞두다 | 뒷받침되다 | 마련하다 | 미루다 |
| 표현 | 말도 안 돼(요) | | | | |
| | 그러게 말이에요(그러게 말이야) | | | | |
| | N은/는 뒷전이다　　N을/를 뒷전으로 하다 | | | | |

| 문법 | |
|---|---|
| A/V-다가는 | 가 : 너무 늦었어요. 서둘러 가야겠어요.<br>나 : 그래도 천천히 가세요.<br>과속 운전하다가는 교통사고가 날지도 몰라요. |
| 아무리 N(이)라도 | 가 : 지영 씨처럼 완벽한 사람이 큰 실수를 했다면서요?<br>나 : 아무리 완벽한 사람이라도 실수를 하기 마련이에요. |

## LESSON 17. 광고

| 어휘 | | | | | |
|---|---|---|---|---|---|
| 관련 어휘 | 공익 광고 | 허위 광고 | 과대광고 | 눈을 속이다 | 소비를 부추기다 |
| 본문 어휘 | 쇼핑몰 | 자율적 | 전달하다 | 극히 | 드물다 |
| | 윤리적 | 접하다 | 구입하다 | 따져 보다 | 샴푸 |
| | 머릿결 | 당장 | 공공연하다 | 불법 행위 | 소비자 |
| | 위화감 | 조성하다 | | | |
| 표현 | V-는 수가 있다(많다) | | | | |

| 문법 | |
|---|---|
| V-다 보니(까) | 가 : 왜 이렇게 살이 쪘어요?<br>나 : 밤마다 야식을 먹다 보니까 살이 쪘어요. |
| 어찌나 A-은/ㄴ지<br>어찌나 V-는지 | 가 : 어제 면접시험은 잘 봤어?<br>나 : 아니, 별로. 어찌나 떨리는지 내 이름도 제대로 말 못했어. |

## LESSON 18. 교육

| 어휘 | | | | | |
|---|---|---|---|---|---|
| 관련 어휘 | 공교육 | 내신 | 대학 수학 능력<br>시험 | 입시 | 실감하다 |
| | 열악하다 | 사교육 | | | |
| 본문 어휘 | 미래를 꿈꾸다 | 비관하다 | 방과 | 과외 | 학원 |
| | 비난하다 | 정책 | 비난하다 | 그릇되다 | 되돌아가다 |
| | 인력 | 활용하다 | 과열 | (고)학력 | 언론 |
| | 실업자 | 개선하다 | | | |
| 표현 | 한창 | | | | |
| | (낙타가) 바늘구멍 지나가기    바늘구멍 뚫기 | | | | |

| 문법 | |
|---|---|
| A/V-아/어 봤자 | 가 : 택시를 타면 공항까지 얼마나 걸릴까요?<br>나 : 지금 출발해 봤자 소용없을 거예요. 11시까지는 갈 수 없어요. |
| V-(으)려고만 들다 | 가 : 남편은 집에 오면 누우려고만 들어요.<br>나 : 우리 남편도 그래요. 결혼 전에는 이런 줄 몰랐어요. |

**LESSON 19. 환경보호**

| 어휘 | | | | | |
|---|---|---|---|---|---|
| 관련 어휘 | 대기 오염 | 토양 오염 | 수질 오염 | 지구 온난화 | 생태계 |
| | 파괴하다 | 재활용(품) | 장바구니 | | |
| 본문 어휘 | 지구 | 극심하다 | 산업 | 수준 | 환경 |
| | 물질 | 가속화 | 살리다 | 결정짓다 | 공존하다 |
| | 일상생활 | 비닐봉지 | 캔 | 생명 | 보호하다 |
| | 분리하다 | 정착 | 수거하다 | 일회용(품) | 적극적 |
| 표현 | 몸살을 앓다 | | | | |
| | N별(로) | | | | |
| | 마지못해 V | | | | |

| 문법 | |
|---|---|
| V-은/ㄴ 끝에<br>N 끝에 | 가 : 어느 대학으로 가기로 했어?<br>나 : 오랫동안 고민한 끝에 경기대학교로 가기로 했어. |
| A-은/ㄴ 데(에) 반해<br>V-는 데(에) 반해 | 가 : 엥크 씨는 수학도 잘해요?<br>나 : 전혀요. 저는 영어는 잘하는 데 반해 수학은 잘 못해요. |

 **LESSON 20. 건강한 삶**

| 어휘 | | | | | |
|---|---|---|---|---|---|
| 관련 어휘 | 탄수화물 | 단백질 | 지방 | 만성 피로 | 체력을 강화하다 |
| | 영양을 섭취하다 | 영양이 결핍되다 | | | |
| 본문 어휘 | 획기적 | 의외로 | 불로장생 | 실망스럽다 | 맨손 체조 |
| | 명약 | 안색 | 한계 | 규칙적 | 확실히 |
| | 불면증 | 무병장수 | 비결 | 한계 | 부담감 |
| | 꾸준히 | 군살 | | | |
| 표현 | N에 달하다 | | | | |

| 문법 | |
|---|---|
| A/V-더니(만)<br>V-았/었더니(만) | 가 : 호앙 씨가 이번에 일등을 했어요.<br>나 : 매일 열심히 공부하더니(만) 결국 일등을 했네요. |
| A/V-(으)나 A/V-(으)나<br>N(이)나 N(이)나 | 가 : 호앙 씨가 준코 씨를 많이 좋아하는 것 같아요.<br>나 : 맞아요. 호앙 씨는 앉으나 서나 준코 씨만을 생각해요. |

## LESSON 21. 미래사회

| 어휘 | | | | | |
|---|---|---|---|---|---|
| 관련 어휘 | 생명 공학 | 인공 지능 | 복제 | 새로운 지평을 열다 | |
| 본문 어휘 | 인터넷 강의 | 화상 | 일대일 | 달나라 | 조절하다 |
| | 전등 | 리모컨 | 개발되다 | 즉시 | 나날이 |
| | 자동 | 로봇 | 우주선 | 복제 | 첨단 과학 |
| 표현 | 마음을 놓다 | | | | |

| 문법 | |
|---|---|
| V-고도 남다 | 가 : 수업 시작이 10분밖에 안 남았는데 매점에 갈 수 있을까?<br>나 : 10분이면 충분해. 갔다오고도 남아. |
| A/V-기는요 N(이)기는요 | 가 : 한국 문화에 대해서 정말 잘 아시는 것 같아요.<br>나 : 잘 알기는요. 아직도 잘 몰라서 실수할 때가 더 많아요. |

## LESSON 22. 토끼전

| 어휘 | | | | | |
|---|---|---|---|---|---|
| 관련 어휘 | 의태어 | 깡충깡충 | 엉금엉금 | 꾸벅꾸벅 | 터벅터벅 |
| | 비틀비틀 | 꿈틀꿈틀 | 두리번두리번 | 허둥지둥 | 힐끗힐끗 |
| 본문 어휘 | 다스리다 | 도사 | 별주부(자라) | 용왕 | 용궁 |
| | 육지 | 간 | 특효약 | 충성심 | 관 |
| | 묻다 | 이슬 | 풀 | 꺼내다 | 설득하다 |
| | 우연히 | 묶다 | 간사하다 | 선비 | 배웅하다 |
| | 물려주다 | 영광스럽다 | | | |
| 표현 | N스럽다 | | | | |
| | 세상을 떠나다 | | | | |

| 문법 | |
|---|---|
| V-(으)려다가 | 가 : 어, 명동에 아직 안 갔어요? 명동에 간다고 했잖아요.<br>나 : 가려다가 비가 와서 그만 두었어요. |
| N에 이르다('러'불규칙) | 가 : 비행기가 언제 도착했어요?<br>나 : 3시가 되자 공항에 이르렀어요. |
| V-(으)려야 V-을/ㄹ 수(가) 없다 | 가 : 오늘 피곤해 보이네요. 어디 아파요?<br>나 : 아니요, 어젯밤에 너무 더워서 자려야 잘 수가 없었어요. |

**LESSON 23. 한국의 음식**

| 어휘 | | | | | |
|---|---|---|---|---|---|
| 관련 어휘 | 아삭아삭 | 보글보글 | 바삭바삭 | 지글지글 | |
| 본문 어휘 | 기름지다 | 더부룩하다 | 밑반찬 | 양념 | 진수성찬 |
| | 두부김치 | 곁들이다 | 술안주 | 푹 | 삭다 |
| | 썰어 넣다 | 따로 | 손쉽다 | 유산균 | |
| 표현 | N(으)로 손꼽히는　N(으)로 손꼽히다 | | | | |
| | 군침이 돌다 | | | | |
| | N(이)라고는 N뿐이다　N(이)라고는 N 밖에 없다 | | | | |

| 문법 | |
|---|---|
| A-다 A-다 하면서(도)<br>V-는/ㄴ다 V-는/ㄴ다 하면서(도) | 가 : 정우 씨, 경주에는 다녀왔어요?<br>나 : 간다 간다 하면서 아직 못 가고 있어요. |
| V-느니 차라리 | 가 : 네가 더 어리잖아. 그냥 먼저 찾아가서 잘못했다고 빌어.<br>나 : 내가 잘못한 것도 없는데 그래야 해?<br>그렇게 하느니 차라리 회사를 그만 두겠어. |

 **LESSON 24. 소중한 한국어**

| 어휘 | | | | | |
|---|---|---|---|---|---|
| 관련 어휘 | 외래어 | 외국어 | 한자어 | 고유어(순우리말) | 표기법 |
| | 신조어 | 유행어 | 줄임말 | | |
| 본문 어휘 | 흰 나리꽃 | 분명히 | 백합 | 국어 순화 운동 | 길거리 |
| | 상표 | | | | |
| 표현 | V-는 데 N을/를 이용하다 | | | | |
| | V-는 사이에 | | | | |

| 문법 | |
|---|---|
| A-(으)ㄴ 듯하다<br>V-는 듯하다<br>N인 듯하다 | 가 : 요즘 호앙 씨와 율리아 씨가 자주 같이 다니네요.<br>나 : 저 두 사람이 사귀는 듯해요. |
| A-다느니 A-다느니<br>V-는/ㄴ다느니 V-는/ㄴ다느니<br>N(이)라느니 N(이)라느니 | 가 : 사람들이 왜 이렇게 야단들이에요?<br>나 : 영화가 끝난 뒤 관객들이 재미있다느니 없다느니 하면서 나오고 있어요. |

 **LESSON 25. 인연**

| 어휘 | | | | |
|---|---|---|---|---|
| 관련 어휘 | 인연 | 악연 | 천생연분 | 지속하다 | |
| 본문 어휘 | 즐기다 | 생사 | 부둥켜안다 | 연속 | 영원히 |
| | 주어지다 | 무한하다 | 인사이동 | 배정되다 | 동기 |
| | 지사 | 이치 | | | |
| 표현 | 인연이 있다[없다]　　인연이다　　인연이 아니다 | | | | |
| | 옷깃만 스쳐도 인연 | | | | |
| | 아주 V | | | | |

| 문법 | |
|---|---|
| A/V-든지 A/V-든지<br>N이든지 N이든지<br>N에서든지 N에서든지 | 가 : 오늘은 뭘 먹을까요?<br>나 : 불고기를 먹든지 비빔밥을 먹든지 다 좋아요. |
| A-은/ㄴ 마당에<br>V-는 마당에 | 가 : 조금 더 생각해 보고 해야 하지 않겠어요?<br>나 : 이미 늦은 마당에 더 생각할 시간이 어디 있어요? |

 **LESSON 26. 설화 속의 호랑이**

| 어휘 | | | | |
|---|---|---|---|---|
| 본문 어휘 | 종종 | 가축 | 포악하다 | 맹수 | 경계 |
| | 우둔하다 | 편 | 구원자 | 선조 | 친숙하다 |
| | 반영하다 | 형상화 | 곶감 | 어리석다 | 효성스럽다 |
| | 효도 | 친근하다 | 희귀 동물 | | |
| 표현 | N(에) 못지않게　　N(에) 못지않다 | | | | |
| | N을/를 비롯하여[비롯해서, 비롯한] | | | | |

| 문법 | |
|---|---|
| A-은/ㄴ 셈이다<br>V-는 셈이다<br>N인 셈이다 | 가 : 요즘 핸드폰은 무게가 보통 2kg이 안 넘는대요.<br>나 : 그래요? 그러면 제 핸드폰은 무거운 셈이네요. |

**LESSON 27. 현대 사회의 사회 현상**

| 어휘 | | | | | |
|---|---|---|---|---|---|
| 관련 어휘 | 사회 현상 | 노후 설계 | 출산율 | 노령화 | 복지 시설 |
| | 삶의 질을 개선하다 | 출산을 장려하다 | 국민연금에 가입하다 | | |
| 본문 어휘 | 자본주의 | 향상되다 | 통신 | 극복되다 | 정보화 |
| | 물결 | 부정행위 | 유출 | 침해 | 독 |
| | 사건 | | | | |
| 표현 | V-는 데(에) 몰두하다    N에 몰두하다 | | | | |
| | N처럼[같이, 만큼] A-은/ㄴ N도 없다 | | | | |
| | N처럼[같이, 만큼] V-는 N도 없다 | | | | |

| 문법 | |
|---|---|
| N만 해도 | 가 : 오늘 아침만 해도 더웠는데 지금은 바람이 불고 쌀쌀해요.<br>나 : 맞아요. 요즘 날씨가 정말 이상해요. |
| (불과) N 만에 | 가 : 벌써 점심 다 먹었어요?<br>나 : 오늘 아침도 못 먹었거든요.<br>너무 배가 고파서 (불과) 5분 만에 다 먹었네요. |
| A/V-더라도 | 가 : 선생님, 일기예보를 보니까 내일 비가 온대요.<br>그래도 우리 소풍 가요?<br>나 : 네, 비가 오더라도 갈 거니까 9시까지 오세요. |

 **LESSON 28. 콤플렉스**

| 어휘 | | | | | |
|---|---|---|---|---|---|
| 관련 어휘 | 열등감 | 강박 관념 | 죄책감 | | |
| 본문 어휘 | 콤플렉스 | 완벽주의자 | 일류 대학 | 내색을 하다 | 슈퍼우먼 |
| | 빠지다 | 기대에 맞다 | | | |
| 표현 | 아무런 N(도) 없다[-지 않다, -지 못하다] | | | | |

| 문법 | |
|---|---|
| A-은/ㄴ 데다가<br>V-는 데다가<br>N인 데다가 | 가 : 제 방은 작은 데다가 창문도 없어요.<br>나 : 너무 답답하겠어요. 우리 원룸으로 이사하지 않을래요? |
| A/V-음/ㅁ | 가 : 너 어젯밤에 또 무서운 꿈을 꿨나 봐. 소리치더라고.<br>나 : 그러게, 요즘 자꾸 악몽을 꾸네. |

# 좋다!! 한국어 4

초판 1쇄 발행   2019년   8월   30일
2판 1쇄 발행   2024년   12월   5일

저 자    경기대학교 국제교육원
펴낸이    임 순 재
펴낸곳    (주)한올출판사

등 록    제11-403호
주 소    서울시 마포구 모래내로 83(성산동 한올빌딩 3층)
전 화    (02) 376-4298(대표)
팩 스    (02) 302-8073
홈페이지   www.hanol.co.kr
e-메 일   hanol@hanol.co.kr
ISBN    979-11-6647-507-8